English–Catalan
A UNIVERSITY PHRASE BOOK

....

GUIA DE CONVERSA UNIVERSITÀRIA
anglès–català

Serveis Lingüístics

UNIVERSITAT DE BARCELONA

Edició amb el suport de:

Generalitat de Catalunya
Departament d'Innovació,
Universitats i Empresa
**Comissionat per a Universitats
i Recerca**

Aquesta publicació s'ha elaborat
amb un ajut específic per a la traducció i l'edició
del Comissionat per a Universitats i Recerca
del Departament d'Innovació, Universitats
i Empresa de la Generalitat de Catalunya.

© **Serveis Lingüístics**
Universitat de Barcelona
Melcior de Palau, 140
08014 Barcelona

Cap dels Serveis Lingüístics:
Conxa Planas

Àrea de formació lingüística:
Joan Ramon Berengueras
Jaume Palau

Elaboració:
Rosa Bonafont

Traducció a l'anglès:
Sílvia Alemany

Primera edició: febrer de 1998
Quarta edició: agost de 2005
Segona reimpressió: juliol de 2008
Tercera reimpressió: juliol de 2009

Disseny: Cass

Il·lustracions: Oriol

Producció: UB Publicacions

ISBN: 978-84-475-2618-5

DL: B-49.928-2003

Thanks to the European Union exchange programmes, the members of the university community –students, above all– have a chance to do part of their work abroad in a European university.

The number of students planning to study in other cities is increasing now that frontiers are disappearing. They come into contact with ways of life and academic systems different from their own, they practise foreign languages and have new experiences; in other words, they enrich their cultural knowledge and, without a shadow of a doubt, become aware of the advantages and disadvantages of European diversity.

The University of Barcelona has always striven to give new visitors a warm welcome in order to make their stay academically, culturally and personally rewarding. *A University Phrase Book*, created by the Catalan Language Service, follows along the same lines of furthering exchanges.

The purpose of the guide is to give foreign students a tool for communication and to help them take advantage of the services on offer. Whatever your knowledge of Catalan, this guide will contribute to

Gràcies als programes d'intercanvi de la Unió Europea, els membres de la comunitat universitària, sobretot els estudiants, tenen la possibilitat de desenvolupar una part de la seva tasca en una universitat europea de fora del seu país.

Per sobre d'unes fronteres mig esborrades, cada vegada hi ha més estudiants que es desplacen a altres ciutats, entren en contacte amb formes de vida i sistemes educatius diferents, practiquen idiomes i adquireixen noves experiències; en definitiva, enriqueixen el seu bagatge cultural i, sense cap mena de dubte, es fan càrrec dels avantatges i dels inconvenients de la diversitat europea.

La Universitat de Barcelona sempre ha vetllat per donar un bon acolliment als visitants a fi que puguin tenir una estada profitosa, tant en la vessant acadèmica i cultural com en la personal. Aquesta *Guia de conversa universitària*, elaborada pel Servei de Llengua Catalana, s'inscriu en aquesta línia d'afavoriment dels intercanvis.

La finalitat de la guia és proporcionar als estudiants estrangers una eina que els doni recursos per a la comunicació i que els faciliti l'aprofitament dels serveis que ofereix la universitat. Siguin quins

help you choose the most adequate –and therefore, the most efficient– phrases in any communicative situation you may find yourself.

Undoubtedly, the main linguistic needs of foreign students at a Catalan university are related to teaching: a good understanding between teachers and students, and a good command of the language in order to read specialised texts are required. These needs lead to the necessity for a more in depth knowledge of the language which can be achieved by other means. The University of Barcelona offers its members Catalan and Spanish language courses and a Self-Study Language Centre.

We would be very pleased if *A University Phrase Book* helped the users of university services to communicate with its staff in order to satisfy their needs: accommodation, specific information, student cards, and so on. If this book contributes to making the users decide to improve their language level in Catalan, so much the better!

siguin els coneixements de català que tingui el lector, no hi ha dubte que la guia li permetrà emprar les frases més encertades, i per tant més eficaces, en cada una de les situacions de comunicació en què s'anirà trobant des del moment que arribi.

És clar que les principals necessitats lingüístiques de l'alumnat estranger que arriba a una universitat catalana estan relacionades amb l'ensenyament: cal una bona comprensió entre professors i estudiants o una competència suficient per llegir els textos de l'especialitat. Aquestes necessitats obliguen a un coneixement més profund de la llengua, que es pot assolir per altres mitjans.

Ens donarem per satisfets si la *Guia de conversa universitària* ajuda l'usuari dels serveis de la universitat en les situacions en què s'ha de relacionar amb el personal i aconsegueix efectivament el que necessita: allotjament, una informació determinada, un carnet... Si a més a més contribueix que es decideixi a augmentar el seu coneixement del català, encara millor.

TABLE OF CONTENTS

Greetings and showing gratitude	Salutacions i agraïments
Hello	Hola
Good morning	Bon dia
Good afternoon	Bona tarda
Good evening Good night	Bona nit
Thank you	Gràcies
Thank you very much	Moltes gràcies
Please	Sisplau
Excuse me	Perdoni

I'm sorry	Em sap greu
Goodbye	Adéu
See you tomorrow	Fins demà
See you later	Fins després
See you soon	Fins ara
We'll be in touch	Ja ens veurem
Take care!	Que vagi bé

Help	**Ajuda**
I don't understand	No ho entenc
Could you please help me?	Em pot ajudar, sisplau?
Help me!	Ajudi'm!
Please, speak slowly	Parli més a poc a poc, sisplau
I don't understand you	No l'entenc
I am lost	M'he perdut

I can't find
  - ...street
  - ...square
  - this address
	No trobo
	  - el carrer...
	  - la plaça...
	  - aquesta adreça

Excuse me	Perdoni

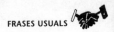

Affirmations	Afirmacions
Yes	Sí
Yes, I've got some	Sí que en tinc
Yes, I would like some	Sí que en vull
Yes, there are some	Sí que n'hi ha
All right	D'acord
OK	Entesos

Negatives	Negacions
No	No
I don't know	No ho sé
I don't understand	No ho entenc
I can't	No puc
I haven't got any	No en tinc
There aren't any	No n'hi ha
I don't want any	No en vull
It's not necessary	No cal
Absolutely not	De cap manera

address	adreça
bank	banc
card	carnet
certificate	certificat
cheap	barat -a
complaint	queixa
contact	contacte
contact (to)	contactar
coordinator	coordinador coordinadora
copy	còpia
course	curs
credit	crèdit
deadline (for registration)	termini
duplicate	duplicat
faculty	facultat

13

excursion	excursió
fax	fax
form	imprès
further (to) (studies)	ampliar
grant	beca
group	grup
guide	guia
help (to)	ajudar
insurance	assegurança
know (to)	conèixer
leave (to)	marxar
marks	notes
mentor	mentor mentora
museum	museu
papers	documentació
pay by direct debit (to)	domiciliar
phone box	cabina telefònica
record	expedient
register (to)	matricular-se
registration	matrícula
robbery	robatori
secretariat	secretaria
self-study language centre	centre d'autoaprenentatge
subject	assignatura
talk (to)	parlar
timetable	horari
trip/excursion	excursió
tutor	tutor tutora
visit (to)	visitar

First contacts	Primers contactes
My name is	Em dic
- Karen	- Karen
- Christopher	- Cristopher
- John	- John
I come from	Vinc
- France	- de França
- Portugal	- de Portugal
- Greece	- de Grècia
- England	- d'Anglaterra
I have just arrived from	Acabo d'arribar
- the airport	- de l'aeroport
- the station	- de l'estació
I would like	Voldria
- to talk to	- parlar
- to get in contact with	- contactar
- my mentor	- amb el meu mentor
	- amb la meva mentora
My contact's name is...	El meu contacte es diu...
Please could you help me?	Em pot ajudar, sisplau?

Getting your student card	Fer-se el carnet d'estudiant
I would like to have a student card	Voldria fer-me el carnet d'estudiant
What are the advantages of having a card?	Quins avantatges té el carnet?

I would like to have the card in order to be able to
- practise sports
- go to the library
- buy in the university shop
- do a Catalan course
- go to the dining halls
- register at the Language School
- go to the Self-Study Language Centre
- practise computing

Vull el carnet per poder
- fer esports
- anar a la biblioteca
- comprar a la cooperativa
- fer un curs de català
- anar als menjadors universitaris
- matricular-me a l'Escola d'Idiomes
- anar al centre d'autoaprenentatge
- fer pràctiques d'informàtica

What do I need in order to get my card?

Què necessito per fer-me el carnet?

Do I have to bring a photograph?

He de portar alguna fotografia?

I have lost my student card

He perdut el carnet d'estudiant

My student card has been stolen

M'han pres el carnet d'estudiant

Could you please make a copy of my student card?

Sisplau, em poden fer una còpia del carnet d'estudiant?

How much is it?

Quant val?

Academic issues

Assumptes acadèmics

I would like to talk to
- my coordinator
- my tutor

Voldria parlar amb
- el meu coordinador
- la meva tutora d'estudis

What time does my tutor see his/her students?

- El meu tutor,
- La meva tutora,
quin horari té d'atenció als alumnes?

I would like to know the time-table of the school secretariat	Vull saber l'horari de la secretaria de la facultat
I have changed my address. Now I live in...	He canviat d'adreça. Ara visc a...
And my telephone number is...	I el meu telèfon és el...
I would like to extend my stay at the university	Voldria allargar la meva estada a la universitat
I would like to stay for another term. What do I have to do?	Vull continuar un altre semestre. Què he de fer?
Could you please give me your phone number?	Em pot donar el número de telèfon, sisplau?
I will phone you tomorrow	Trucaré demà
Whom should I ask for?	Per qui he de demanar?

Information about how to register	**Informació sobre la matrícula**
Is there anybody at the secretariat who could help me to register?	A la secretaria, hi haurà algú que em pugui ajudar a matricular-me?
Where can I buy the registration forms?	On puc comprar els impresos de matrícula?
When is the deadline for registration?	Fins quin dia em puc matricular?
I would like to register and I need help	Em voldria matricular i necessito ajuda
Where can I find a faculty guide?	On puc trobar una guia de la meva facultat?

I would like to have a university subject guide	Vull la guia d'assignatures de la facultat
Can I choose both morning subjects and evening subjects?	Es poden triar assignatures de matí i de tarda?
I want to change my group. The timetable doesn't suit me	Vull canviar de grup. L'horari no em va bé

Grants, marks and certificates	**Beques, notes i certificats**
Could you please fill in my grant form?	Em podrien omplir aquest imprès per a la beca?
I need a duplicate of my student record for the grant	Necessito un duplicat del meu expedient acadèmic per a la beca
I would like to increase my grant	Vull ampliar la beca
I would like you to send me my marks	Voldria que m'enviessin les notes
Could you send my marks to my home address?	Poden enviar-me les notes a casa meva?
My address is…	La meva adreça és…
My telephone number is…	El meu número de telèfon és el…
I need a certificate	Necessito un certificat

I would like to have
 - an attendance certificate
  for the first term
 - a certificate of my stay
	Voldria
	 - un certificat d'assistència
	  del primer semestre
	 - un certificat d'estada

Could you send the certificate to my country?	Em poden enviar el certificat al meu país?
When can I come to fetch the course certificate for my university?	Quan puc passar a buscar el certificat del curs per a la meva universitat?

Problems	**Incidències**
I have lost my documents	He perdut la documentació
My documents have been stolen	M'han pres la documentació
I want to go to the police station to make a formal complaint	Vull fer una denúncia a la policia
I want to report a robbery	Vull denunciar un robatori
I have lost my luggage	He perdut l'equipatge

I have left
- my umbrella
- my bag
- my briefcase
- my folder
  - in the classroom
  - in the metro
  - on the bus
  - on the train
	M'he deixat
	- el paraigua
	- la bossa
	- la cartera
	- la carpeta
	  - a l'aula
	  - al metro
	  - a l'autobús
	  - al tren

Where can I go to make a claim?	On puc anar a reclamar?
Is there a Lost Property Office?	Hi ha oficina d'objectes perduts?
What are the opening hours of the Lost Property Office?	Quin horari fa l'oficina d'objectes perduts?

Can I phone the Lost Property Office?	Puc telefonar a l'oficina d'objectes perduts?

Cultural and leisure activities	**Activitats culturals i de lleure**
What kind of cultural activities are being organized?	Quines activitats culturals organitzen?

I want to go on
 - an excursion
 - a guided tour
  of the city
	Vull fer
	 - una excursió
	 - una visita guiada
	  per la ciutat

Where can I buy - an entertainment guide? - a museum guide? - a tourist guide?	On puc comprar - una guia d'espectacles? - una guia de museus? - una guia turística?
I would like to do sport	Voldria practicar esport
I want to study foreign languages	Vull estudiar idiomes
I would like to do a conversation exchange	Voldria fer intercanvi de conversa

advantage	avantatge
apartment/flat	apartament
baker's	forn de pa
balcony/terrace	balcó
balcony (larger)	terrassa
bath	bany
break (to)	espatllar-se
bed	llit
bench	banc
blanket	flassada
blind	persiana
boarding house	pensió
boiler	escalfador
bus	autobús
butane gas	gas butà

21

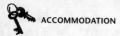

casserole	cassola
cheap	barat -a
chemist's	farmàcia
church	església
coffee maker	cafetera
contract	contracte
cutlery	coberts
deposit (in a bank)	dipòsit
deposit (as a down payment)	fiança
dining-room	menjador
dish	plat
dishwasher	rentaplats
door	porta
drinking glass	vas, got
dry cleaner's	tintoreria
dryer	assecadora
electrical appliance	electrodomèstic
electricity	corrent
estate agent's	agència immobiliària
exchange (to)	canviar
expense	despesa
expensive	car -a
extend (to) (premises)	ampliar
flat	pis
fridge	nevera
frying-pan	paella
grill	graella
hall	vestíbul

heating system	calefacció
hostel	alberg
hot water	aigua calenta
hotel	hotel
house	casa
key	clau
kitchen	cuina
kitchen facilities	dret a cuina
laundry	bugaderia
leave (to)	marxar
letter box	bústia
lift	ascensor
light	llum
lodge (to)	allotjar-se
lodging	allotjament
mend (to)	reparar
microwave	microones
natural gas	gas natural
neighbourhood	barri
news stand	quiosc
oven	forn
pay by direct debit (to)	domiciliar
peacefulness	tranquil·litat
personal computer	ordinador
phone box	cabina telefònica
piece of furniture	moble
pillow	coixí
pot	olla
price	preu

put off (to)	ajornar
radiocassette player	radiocasset
receipt	rebut
rent	lloguer
residence hall	col·legi major
room	habitació
sale	venda
service	servei
share (to)	compartir
sheets	llençols
shelf	prestatge
shop	botiga
stairs	escala
station	estació
student residence	residència d'estudiants
supermarket	supermercat
table	taula
take a shower (to)	dutxar-se
telephone	telèfon
television	televisió
the elderly	tercera edat
tobacconist's	estanc
toilet	vàter
towel	tovallola
train	tren
tube	metro
wash (to)	rentar
washing machine	rentadora
window	finestra

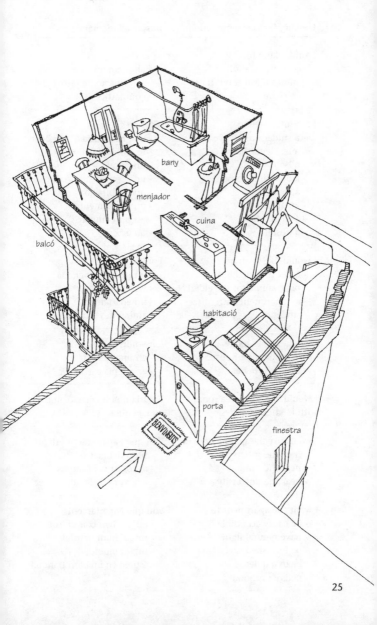

bany

menjador

cuina

balcó

habitació

porta

finestra

BENVINGUTS

25

Looking for accommodation	Buscar allotjament

I am looking for
  - accommodation
  - information about flats
    to share
	Busco
	  - allotjament
	  - informació de pisos
	    compartits

I am interested in
  - a student residence
  - a residence hall
  - a hotel
  - a boarding house
  - a room
  - an apartment
  - a shared flat
  - a hostel
	M'interessa
	  - una residència d'estudiants
	  - un col·legi major
	  - un hotel
	  - una pensió
	  - una habitació
	  - un apartament
	  - un pis compartit
	  - un alberg

I would like to share
  - a flat included in the
    programme for the elderly
  - an apartment with other
    students
	Voldria compartir
	  - un pis del programa
	    tercera edat
	  - un apartament
	    amb altres estudiants

I would like to lodge
  - in a boarding house
  - in a private flat
	Em voldria allotjar
	  - en una pensió
	  - en un pis particular

I would like to have a room with kitchen facilities	Voldria una habitació amb dret a cuina

I would like the apartment to be
  - near the metro
  - near the campus
  - near the university
	Vull que l'apartament estigui
	  - prop del metro
	  - al costat del campus
	  - a la vora de la universitat

I want the apartment to
  - be easily accessible
  - have natural light
  - be furnished
  - be in a quiet
    neighbourhood
	Vull que l'apartament
	  - estigui ben comunicat
	  - tingui llum natural
	  - tingui mobles
	  - estigui en un barri tranquil

Furniture and fittings	Equipament
How many rooms does this flat have?	Quantes habitacions té aquest pis?
Does it have a fully-equipped bathroom?	Té bany complet?
Is the kitchen well fitted out?	Té la cuina ben equipada?
Does it have a balcony?	Té balcó o terrassa?
How many square feet has it got?	Quants metres quadrats té?
How many beds has it got?	Quants llits té?

Is there	En aquest pis, hi ha
- a lift	- ascensor?
- a fridge	- nevera?
- a washing machine	- rentadora?
- a dishwasher	- rentaplats?
- an oven	- forn?
- a microwave oven	- microones?
- a television	- televisió?
- a radiocassette player	- radiocasset?
- a computer	- ordinador?
- a telephone	- telèfon?
- hot water	- aigua calenta?
- a heating system	- calefacció?
in the flat?	

Does the kitchen work on	La cuina funciona amb
- natural gas?	- gas natural?
- butane gas?	- gas butà?
- electricity?	- electricitat?

Is/Are there	La cuina està equipada amb
- dishes	- plats?
- glasses	- gots?
- cutlery	- coberts?
- pans	- paelles?
- saucepans	- pots?
- casseroles	- cassoles?
- pots	- olles?
- a grill	- graelles?
- a coffee maker	- cafetera?
in the kitchen?	

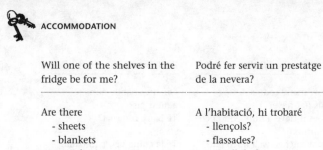

Will one of the shelves in the fridge be for me?	Podré fer servir un prestatge de la nevera?

Are there
  - sheets
  - blankets
  - towels
  - shelves and a table
in the room?
	A l'habitació, hi trobaré
	  - llençols?
	  - flassades?
	  - tovalloles?
	  - taula i prestatges?

Is there a pillow in the room?	A l'habitació, hi trobaré coixí?

Economic conditions	**Condicions econòmiques**

How much does
  - the apartment
  - the room
  - the flat
  - the student residence
cost?
	- L'apartament,
	  - L'habitació,
	  - El pis,
	  - La residència,
	quin preu té?

Do I have to pay in advance?	He de pagar els mesos per endavant?
Do I need to pay a deposit?	He de deixar fiança?
What does this deposit cover?	Què cobreix la fiança?
I would like to pay the rent by direct debit	Voldria domiciliar el lloguer
Will you send me a bill?	Em farà un rebut?
I will come to pay every month	Passaré cada mes a pagar
I want to pay the first three months rent	Vull pagar els tres primers mesos de lloguer

I would like to postpone the rent payment	Voldria ajornar el pagament del lloguer
What are the advantages of the programme for the elderly?	El programa tercera edat, quins avantatges té?
Does the price include water, electricity and gas bills?	Aquest preu, inclou l'aigua, la llum i el gas?
Are there any other charges apart from the rent?	Hi ha alguna altra despesa de lloguer?
Does the rent for the room include the phone bill?	El lloguer de l'habitació, inclou les despeses de telèfon?
When could I pick up the keys?	Quan podria recollir les claus?
Is the laundry included in the price?	Aquest preu, inclou rentar la roba?
May I take two hot showers a day?	Em puc dutxar dos cops al dia amb aigua calenta?
I would like to extend my stay six more months	Vull allargar l'estada sis mesos més
May I extend the contract?	Puc allargar el contracte?
I want to leave	Vull marxar
I would like to move to another flat	Voldria canviar de pis
I want a room in the centre of town	Vull una habitació més cèntrica
I would like a cheaper apartment	Voldria un apartament més econòmic

29

I want an apartment for two, with a telephone	Vull un apartament per a dues persones, amb telèfon

Changing lodgings	**Canviar de residència**
I would like to move to another flat	Voldria canviar de pis

I would like lodgings nearer - the university - the... campus - the train station - the bus stop - the centre - the sea	Voldria un allotjament més proper - a la universitat - al campus de... - a l'estació de tren - a la parada d'autobusos - al centre - al mar
I want a more economical flat	Vull un pis més barat
I would like to share a flat with - two other students - another student	Voldria compartir un pis - amb dos estudiants - amb un altre estudiant
I would like a better-equipped flat	Voldria un pis en millors condicions
I would like a flat - with more electrical appliances - with more services	Voldria un pis amb - més electrodomèstics - més serveis
I would like - a more peaceful flat - a less noisy flat - a flat with more natural light	Voldria - un pis amb més tranquil·litat - un pis amb menys soroll - un pis amb més llum
What is the cheapest form of accommodation?	Quin és l'allotjament més barat?

Services and breakages	Serveis i avaries

Is there
- a laundry
- a dry cleaner's
- a chemist's
- a supermarket
- a baker's
- a tobacconist's
- a news stand
- a metro station
- a phone box
- a church
near the building?

Prop de l'edifici hi ha
- bugaderia?
- tintoreria?
- farmàcia?
- supermercat?
- forn de pa?
- un estanc?
- un quiosc?
- l'estació de metro?
- una cabina telefònica?
- una església?

Are there
- any shops
- any bus-stops
near the building?

Prop de l'edifici hi ha
- botigues?
- autobusos?

Where is
- a bank?
- a chemist's?
- a bar?
- a bookshop?
- a phone box?
- a doctor?

On hi ha
- un banc?
- una farmàcia?
- un bar?
- una llibreria?
- un telèfon?
- un metge?

My blinds are broken

Se m'ha espatllat la persiana

Se m'ha espatllat
- My fridge is broken
- My telephone
is out of order

- la nevera
- el telèfon

Please, can you repair
- the boiler
- the shower
- the water tank
in the toilet
be repaired, please?

Em poden reparar
- l'escalfador,
- la dutxa,
- el dipòsit del vàter,
sisplau?

ACCOMMODATION

Signs	Rètols
Lift	Ascensor
Reception	Consergeria
Entrance	Entrada
Exit	Sortida
Car park	Aparcament
Keep the entrance clear	Deixeu entrar
Keep the exit clear	Deixeu sortir
Fire escape	Escala d'incendis
Emergency exit (window)	Finestra de socors
Emergency exit (door)	Porta d'emergència
Caretaker's flat	Porteria
The other door, please	Per l'altra porta, sisplau
Closed for holidays	Tancat per vacances
Flat to rent	Pis per llogar
Flats for sale	Venda de pisos
For sale	En venda
Please close the door	Tanqueu la porta, sisplau
Summer timetable	Horari d'estiu

bachelor's degree	llicenciatura
bank	banc
buy (to)	comprar
calendar	calendari
cancellation	anul·lació
card	carnet
certificate (undergraduate)	diplomatura
certificate	certificat
code	codi
compulsory	obligatori -òria
course	curs
credit	crèdit
cycle	cicle
deposit slip	resguard
document	document
drop (a course)	renúncia

extend (to)	ampliar
fail (to)	suspendre
felt-tip pen	retolador
fill in (to)	emplenar
folder	carpeta
form	imprès
fountain pen	ploma
group	grup
guide	guia
instructions	instruccions
medical insurance	assegurança mèdica
modify (to)	modificar
number	número
optional	optatiu -iva
papers	documentació
paperwork	tràmit
pass (to)	aprovar
pay (to)	pagar
pen	bolígraf
pencil	llapis
preliminary registration	preinscripció
programme	programa
proof of payment	comprovant de pagament
queue	cua
record	expedient
refund	devolució
register (to)	matricular-se
registration	matrícula
savings bank	caixa d'estalvis
school	facultat

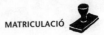
specialization	especialitat
sports facilities	servei d'esports
subject	assignatura
syllabus	pla d'estudis
term	semestre
thesis	tesi
timetable	horari
turn, shift	torn
tutor	tutor tutora
validate (to)	convalidar
validation	convalidació
waive (to)	renunciar

Asking for information about registration	**Demanar informació per matricular-se**
What do I have to do to register?	Quins passos he de fer per matricular-me?
Where do I have to go to register?	On he d'anar a matricular-me?
When does registration - begin? - finish?	Quan - comença - acaba el termini de matriculació?
Where can I buy the registration forms?	On puc comprar els impresos de matrícula?
I would like the registration forms	Voldria els impresos per a la matrícula
How much are the forms?	Quant valen els impresos?

I would like to look at the... Faculty's student guide	Vull consultar la guia de l'estudiant de la Facultat de...
I would like the Faculty's subject guide	Voldria la guia d'assignatures de la facultat

What subjects are
- compulsory?
- optional?

Quines assignatures són
- obligatòries?
- optatives?

Does
- this subject
- this course
count as a credit?

- Aquesta assignatura,
- Aquest curs,
compta com a crèdit?

Does this practical work
count as a credit?

Aquestes pràctiques,
compten com a crèdit?

What is the subject code?

Quin codi té l'assignatura...?

How many credits do I have
to do this term?

De quants crèdits m'he de
matricular aquest semestre?

Could you tell me where
- the savings bank is?
- the school secretariat is?

Em podria explicar on és
- la caixa?
- la secretaria de la facultat?

Filling in the forms

Emplenar els impresos

I need help
- to choose the subjects
- to choose my timetable
- to understand the instructions
- to fill in the forms

Necessito ajuda
- per triar les assignatures
- per escollir horaris
- per entendre les instruccions
- per emplenar els impresos

What does this mean?

Què hi diu, aquí?

What do I have to put here?	Aquí, què hi he de posar?
I don't know what to put here	Aquí, no sé què posar-hi
I don't know what it says here	Aquí, no sé què hi diu

I don't understand	No ho entenc

Could you please explain this to me again?	M'ho pot tornar a explicar, sisplau?

Can I write	Puc escriure-ho
- in pen?	- amb bolígraf?
- in pencil?	- amb llapis?
- in felt-tip pen?	- amb retolador?
- in fountain pen?	- amb ploma?

Are there any documents missing?	Em falta algun document?
Do I have to fill in anything else?	Em falta omplir alguna altra cosa?
Is there any more paperwork to do?	Em falta fer més tràmits?

Your turn to register | Demanar torn

Do I have to queue in order to register?	He de fer cua per matricular-me?

I want a number to register	Vull número per matricular-me
- in the morning	- al matí
- in the afternoon	- a la tarda

Can my classmate register for me?	Em pot matricular la meva companya?

Can I register for my classmate?	Puc matricular el meu company?

Could you please give me two numbers?	Em pot donar dos números, sisplau?
What time do I register with my number?	A quina hora es matricula el meu número?
If I arrive late, will I lose my turn?	Si arribo tard, perdo el torn?
I have lost my number. What do I have to do?	He perdut el número. Què he de fer?

Handing in the forms	Lliurar els impresos
I am here to register	Em vinc a matricular
I would like to register	Voldria matricular-me
Have I filled in the forms properly?	He emplenat bé els impresos?
Are my papers correct?	La documentació és correcta?
Please tell me whether everything is correct	Sisplau, digui'm si tot és correcte
My marks will be sent directly from my university	El certificat de notes, el rebran directament de la meva universitat
My university will send you my record	La meva universitat els enviarà el meu expedient
I want medical insurance	Vull l'assegurança mèdica
I would like to use the sports facilities	Voldria utilitzar el servei d'esports

I have got	Tinc
- registration free of charge	- matrícula gratuïta
- two distinctions	- dues matrícules d'honor
I am expecting a grant	Espero una beca
Where do I have to go to pay?	On he d'anar a pagar?
How many days are left to make the payment?	Quants dies tinc per anar a pagar?
Do I have to bring the proof of payment?	He de portar el comprovant de pagament?
Do I have to do any more paperwork?	He de fer algun altre tràmit?

Changing your registration	**Modificar la matrícula**
I would like to change one of my subjects	Voldria canviar una assignatura
May I change this subject?	Puc canviar la matrícula d'aquesta assignatura?
What is the deadline for registration changes?	Quin termini hi ha per modificar la matrícula?
I want to change my group. The timetable doesn't suit me	Vull canviar de grup. L'horari no em va bé
Will I be able to validate all my credits?	Podré convalidar tots els crèdits?
Will you validate the	Em reconeixeran els crèdits
- Language School credits?	- de l'Escola d'Idiomes?
- credits for the Red Cross practical work?	- de les pràctiques de la Creu Roja?

Can I extend my registration?	Puc fer una ampliació de matrícula?
What is the period for extending registration?	Fins quan puc ampliar la matrícula?
What are the requirements to extend registrations?	Què necessito per fer una ampliació de matrícula?
Will it be possible for me to waive a credit?	Podré renunciar a algun crèdit?
What is the deadline to drop this course?	Fins a quina data admeten renúncies de matrícula?
In case I drop a credit, will you refund my money?	Si renuncio a la matrícula d'algun crèdit, tornen els diners?

article	article
ask for (to)	demanar
atlas	atles
author	autor
book	llibre
bookcase	prestatgeria
booked	reservat -ada
bring back (to)	tornar
card (index)	fitxa
card (membership)	carnet
cassette	casset
catalogue	catàleg
CD-ROM	CD-ROM (ce de rom)
chair	cadira
cloakroom	guarda-roba
desk	taulell

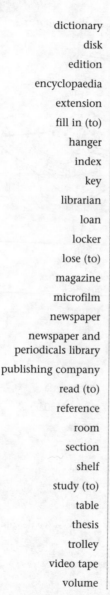

English	Català
dictionary	diccionari
disk	disc
edition	edició
encyclopaedia	enciclopèdia
extension	pròrroga
fill in (to)	emplenar
hanger	penja-robes
index	índex
key	tecla
librarian	bibliotecari bibliotecària
loan	préstec
locker	armariet
lose (to)	perdre
magazine	revista
microfilm	microfilm
newspaper	diari
newspaper and periodicals library	hemeroteca
publishing company	editorial
read (to)	llegir
reference	referència
room	sala
section	apartat
shelf	prestatge
study (to)	estudiar
table	taula
thesis	tesi
trolley	carret
video tape	vídeo
volume	volum

Before entering	Abans d'entrar
Where can I leave - my coat? - my cardigan? - my jacket? - my umbrella?	On puc deixar - l'abric? - la jaqueta? - l'americana? - el paraigua?
Is there a cloakroom?	Hi ha guarda-roba?
Where is the hanger?	On és el penja-robes?
Where can I leave - my belongings? - my helmet? - my bag? - my rucksack?	On puc deixar - les meves coses? - el casc? - la bossa? - la motxilla?
Are there any lockers to leave my belongings in?	Hi ha armariets per deixar-hi les meves coses?
Where are the lockers?	On són els armariets?
Are these lockers - free? - occupied?	Aquests armariets, - estan lliures? - estan ocupats?
How can I - open - close this locker?	Aquests armariets, - com s'obren? - com es tanquen?
What coins do they take?	Aquests armariets, amb quina moneda funcionen?
Where are the keys?	On són les claus?
Do you have change, please?	Té canvi, sisplau?

Which room can I work in?	A quina sala puc treballar?
There's no room	No hi ha lloc

Asking for books	**Demanar llibres**
Where are the reference books?	On són les obres de lliure accés?
What books are for reference use only?	Quines obres són de lliure accés?
I would like to know what books you have by... (author's name)	Voldria saber quines obres tenen de... (nom de l'autor)
I would like to consult a work by... (author's name)	Voldria consultar alguna obra de... (nom de l'autor)
I would like to look up the book... (title) by... (author's name)	Voldria consultar el llibre... (títol) de l'autor... (nom de l'autor)
I think the author's name is...	Em sembla que l'autor es diu...
I think the title of the book is...	Em sembla que el llibre es diu...
I don't know the title of the book	No sé com es diu el llibre
I don't know who the author of this book is	No sé qui és l'autor d'aquest llibre
What do I have to do to ask for a book?	Com s'han de demanar els llibres?

Do I have to fill in an application form?	He d'emplenar alguna fitxa de sol·licitud?
Could you please help me to fill in this card?	Em podria ajudar a emplenar aquesta fitxa?
What do I have to write in this section?	Què s'ha de posar en aquest apartat?
How long will I have to wait for the book?	Quant trigaran a portar-me el llibre?
Where is the catalogue?	On és el catàleg?
How do I use this catalogue?	Com es consulta aquest catàleg?
Is there an index - of authors? - of subjects?	Hi ha índex - d'autors? - de matèries?
How can I consult the catalogue by computer?	Com es pot consultar el catàleg per l'ordinador?
Can I consult any other library's catalogue?	Es poden consultar els catàlegs d'altres biblioteques?
Could I see the catalogue of the... publishing company?	Podria veure el catàleg de l'editorial...?
I can't find the reference for this book	No trobo la referència d'aquest llibre
Could you please help me?	Em pot ajudar, sisplau?

I don't understand	No ho entenc
What keys do I have to press?	Quines tecles he de prémer?
Where are the books - on mathematics? - on economics? - on medicine?	On són els llibres - de matemàtiques? - d'econòmiques? - de medicina?
Are there any books - in German? - in English? - in French?	Hi ha llibres - en alemany? - en anglès? - en francès?

Other services at the library	**Altres serveis de la biblioteca**
Where is the loan service?	On és el servei de préstec?
Where is the newspaper and periodicals library?	On és l'hemeroteca?
Where are - the magazines? - the newspapers? - the video tapes? - the compact discs? - the CD-ROMs? - the cassettes? - the microfilms? - the atlases? - the encyclopaedias?	On són - les revistes? - els diaris? - els vídeos? - els discos compactes? - els CD-ROM? (ce de rom) - les cassets? - els microfilms? - els atles? - les enciclopèdies?
Have you got today's newspaper?	Tenen el diari d'avui?
What newspapers are there?	Quins diaris hi ha?

What magazines are there?	Quines revistes hi ha?

How are
  - the video tapes
  - the discs
  - the CD-ROMs
  - the cassettes
  - the dictionaries
classified?
	Com estan classificats
	  - els vídeos?
	  - els discos?
	  - els CD-ROM? (ce de rom)
	  - les cassets?
	  - els diccionaris?

How are the magazines classified?	Com estan classificades les revistes?

Can I consult some doctoral theses?	Es poden consultar tesis doctorals?

Where is the photocopy service?	On és el servei de reprografia?

Where is the microfilm scanner?	On és el lector de microfilms?

Where is the Self-Study Language Centre?	On és el centre d'autoaprenentatge de llengües?

Where are the toilets?	On són els lavabos?

Where is the cafeteria?	On és la cafeteria?

I can't find
  - the book...
  - the... room
  - the photocopier
	No trobo
	  - el llibre...
	  - la sala de...
	  - la fotocopiadora

Where do I have to leave the books?	On he de deixar els llibres?

Should I put the books back on the shelves?	Els llibres, s'han de tornar als prestatges?
Should I leave the books - on the trolleys? - on the table?	Els llibres, s'han de deixar - als carrets? - sobre la taula?

The card	**El carnet**
I would like to have a library card	Voldria fer-me el carnet de la biblioteca
I am a - pharmacy - mathematics - biology student	Sóc estudiant - de Farmàcia - de Matemàtiques - de Biologia
I study in - the Faculty of Philology - the Law School - the Faculty of Philosophy	Estudio a la Facultat - de Filologia - de Dret - de Filosofia
How many kinds of cards are there?	Quins tipus de carnet hi ha?
What do I need to bring to apply for the card?	Què he de portar per fer-me el carnet?
Do I have to bring photographs?	He de portar fotografies?
When can I come to pick it up?	Quin dia l'he de recollir?
Is this card valid for any other library at the University of Barcelona?	Aquest carnet, serveix per a totes les biblioteques de la Universitat de Barcelona?

Is this card valid for any other university libraries?	Aquest carnet, serveix per a altres biblioteques universitàries?
How long does this card last?	Aquest carnet, quant de temps dura?
When does it expire?	Quan caduca?
Can I take books out with this card?	Amb aquest carnet, puc utilitzar el servei de préstec?
I have lost my card	He perdut el carnet
I would like to renew my card	Em voldria renovar el carnet

Lending service	**Préstec**
Where is the lending service?	On és el servei de préstec?

How does
  - the lending service
  - the interlibrary loan
work?
	Com funciona
	  - el servei de préstec?
	  - el préstec interbibliotecari?

What are the rules for the lending service?	Quines són les normes de funcionament del servei de préstec?

Can I borrow
  - books
  - magazines
  - video tapes
  - compact discs
  - CD-ROMs
with this card?
	Amb aquest carnet, em puc emportar
	  - llibres?
	  - revistes?
	  - vídeos?
	  - discos compactes?
	  - CD-ROM? (ce de rom)

49

When do I have to bring this book back?	Quin dia he de tornar aquest llibre?
How long can I keep this book?	Quants dies puc tenir aquest llibre?
I won't have enough time	No tinc prou temps
I need more time	Necessito més temps
I would like to keep this book - one more week - some more days - until next Monday	Voldria tenir aquest llibre - una setmana més - uns quants dies més - fins dilluns que ve
I would like an extension	Voldria demanar una pròrroga
How many books can I have on loan?	Quants llibres puc tenir en préstec?
Can I take out both books and videos?	Puc tenir llibres i vídeos alhora?
I don't remember when I have to bring this book back	No recordo quin dia he de tornar aquest llibre
I'm sorry, but I wasn't able to bring this book back on time	Em sap greu, però no he pogut tornar el llibre a temps
I'm very sorry, but I have lost the book	Em sap molt de greu, però he perdut el llibre
What do I have to do?	Què he de fer?
How much do I have to pay?	Quant he de pagar?

Signs	Rètols
Silence, please	Silenci, sisplau
Close the doors. Thank you	Tanqueu les portes. Gràcies
Drinks are not allowed in the library	Sisplau, no entreu cap tipus de beguda
Out of respect for fellow students you are not allowed to occupy seats with personal items for more than thirty minutes	Per respecte als companys, no es permet de reservar lloc amb objectes personals, per més de 30 minuts
Private	Privat
Access to catalogues	Accés als catàlegs
Area management	Direcció d'àrea
Photocopies	Fotocòpies
Bibliography and loan information	Informació bibliogràfica i préstec

advisor	assessor assessora
book	llibre
book (to)	reservar
bookcase	prestatgeria
card	fitxa
cassette	cinta de casset
CD-ROM	CD-ROM (ce de rom)
composition	redacció
computer	ordinador
conversation	conversa
correction	correcció
correspondence	correspondència
curriculum vitae	currículum
dictation	dictat
dictionary	diccionari

exam	examen
exchange	intercanvi
exercise	exercici
grammar	gramàtica
headphones	auriculars
keyboard	teclat
level	nivell
loans	préstec
magazine	revista
mock exam	model d'examen
morphosyntax	morfosintaxi
newspaper	diari
practise (to)	practicar
press	premsa
printer	impressora
screen	pantalla
shelf	prestatge
spelling	ortografia
tape-recorder	casset
test	prova
text	text
tray	safata
video tape	cinta de vídeo
video	vídeo

Self-study language centre resources	**Recursos del centre d'autoaprenentatge**
Do I have to bring any identification card to be able to work?	Per treballar, he de portar algun carnet?

I would like to know how the Self-Study Language Centre works	Voldria saber com funciona el centre d'autoaprenentatge
How is the material organized?	Com estan organitzats els materials?
What languages can I learn?	Quines llengües s'hi poden aprendre?
How can I know what my language level is?	Com puc saber el nivell de llengua que tinc?
May I take some of the material home?	Em puc emportar materials a casa?
May I take out books on loan?	Puc demanar llibres en préstec?
Could I make some photocopies of the material?	Puc fer fotocòpies dels materials?
Could I do a conversational language exchange?	Puc fer intercanvi de conversa?
May I put my name down in the list for conversation exchange?	Em puc apuntar al fitxer d'intercanvi de conversa?

May I use
- the video?
- the tape-recorder?
- the computer?
- the CD-ROM?

Puc fer servir
- el vídeo?
- el casset?
- l'ordinador?
- el CD-ROM? (ce de rom)

Are there any instructions for using
- the video?
- the CD-ROM?
- the tape-recorder?

Hi ha instruccions per fer servir
- el vídeo?
- el CD-ROM? (ce de rom)
- el casset?

Is there any material to prepare level number...?	Hi ha material per preparar el nivell...?
Have you got any mock exams?	Tenen models d'exàmens?
May I see a mock exam for level...?	Podria veure un model d'examen del nivell...?
Is there a correction service for compositions?	Hi ha servei de correcció de redaccions?

Can I ask the advisor some questions?	Puc fer consultes
	  - a l'assessor?
	  - a l'assessora?

Use of the Self-Study Language Centre

Ús del centre d'auto-aprenentatge

I would like some material for
  - Catalan
  - French
  - English
beginners
	Voldria materials de nivell inicial
	  - de català
	  - de francès
	  - d'anglès

I need some exercises
  - on oral comprehension
  - on written comprehension
  - on conversation
  - on pronunciation
	Necessito exercicis
	  - de comprensió oral
	  - de comprensió escrita
	  - de conversa
	  - de pronunciació

Where can I find some
  - topics for compositions?
  - topics for conversations?
	On puc trobar
	  - temes de redacció?
	  - temes de conversa?

Have you got any manuals
  - on composition?
  - on grammar?
  - on correspondence?
	Tenen algun manual de
	  - redacció?
	  - gramàtica?
	  - correspondència?

I would like to revise	Vull repassar temes
- spelling rules	- d'ortografia
- morphological rules	- de morfologia
- syntax rules	- de sintaxi
- lexical rules	- de lèxic

I would like to read	Vull llegir
- a newspaper	- un diari
- a magazine	- una revista
- a book	- un llibre

Where are	On són
- the dictionaries?	- els diccionaris?
- the reading books?	- els llibres de lectura?
- the manuals for beginners?	- els manuals de nivell inicial?

Are there any other press publications?	Què més hi ha de premsa?
Where can I find the index cards on...?	On hi ha fitxes de...?
Where can I find some information on...?	On puc trobar informació sobre...?
I need more information on the subject of...	Necessito ampliar el tema de...
I would like to increase my vocabulary	Voldria ampliar vocabulari
Are there any model curricula vitae?	Hi ha algun model de currículum?
I would like to ask you a question	Voldria fer-li una pregunta

Could you please clear something up for me?	Em pot aclarir un dubte, sisplau?

I would like to prepare
  - a... exam
  - a... test
	Voldria preparar
	  - un examen de...
	  - una prova de...

I would like to take an oral test	Voldria fer una prova oral

I would like to work with
  - the computer
  - the tape-recorder
  - the video
	Voldria treballar amb
	  - l'ordinador
	  - el casset
	  - el vídeo

What software is available?	Quins programes d'ordinador tenen?
May I take the cassette from the shelf?	Puc agafar la cinta del prestatge?
Could you give me some headphones, please?	Doni'm uns auriculars, sisplau
How are the dictations done?	Com es fan els dictats?

I would like to do a dictation
  - for beginners
  - at intermediate level
  - at advanced level
	Voldria fer un dictat
	  - de nivell elemental
	  - de nivell mitjà
	  - de nivell avançat

Can I leave some texts to be corrected?	Puc deixar textos per corregir?
Could you correct my composition?	Em poden corregir aquesta redacció?

Where should I leave
- the card
- the cassette
- the video tape
- the headphones
when I have finished?

Quan acabi, on he de deixar
- la fitxa?
- la cinta?
- el vídeo?
- els auriculars?

Should I put the material
back on the shelves?

He de tornar els materials
a la prestatgeria?

Opening hours

Horari

What are the opening hours
for the Self-Study Language
Centre?

Quin és l'horari del centre
d'autoaprenentatge?

Do I have to book a time?

S'ha de reservar hora?

How long can I stay here?

Quantes hores m'hi puc estar?

May I come back
this afternoon?

Aquesta tarda puc tornar?

Are you open on weekends?

És obert els caps de setmana?

What are the opening hours
during the holidays?

Per vacances, quin horari fan?

Do I have to book a time
to watch the video?

He de reservar hora per
al vídeo?

I would like to book a time
to watch a film

Voldria reservar hora per
veure una pel·lícula

Loans

Préstec

Is there a loan service?

Hi ha servei de préstec?

Can I borrow	Em puc emportar
- this book?	- aquest llibre?
- this magazine?	- aquesta revista?
- this video tape?	- aquest vídeo?
- this exam?	- aquest examen?

What is the loan period?	De quin termini disposo?

Do I have to give you a deposit?	He de deixar algun dipòsit?

Do I have to have a card?	M'he de fer algun carnet?

Shall I show you my card?	Li he d'ensenyar algun carnet?

Can I extend the loan period?	Puc ampliar el termini de préstec?

I would like to have a few more days	Voldria disposar de més dies

I have lost	He perdut
- the book you loaned me	- el llibre que m'havien deixat
- the deposit slip	- el resguard del dipòsit

What do I have to do?	Què he de fer?

Signs	Rètols
Leave your materials on the tray	Deixeu els materials utilitzats a la safata
Texts to be corrected	Textos per corregir
Notices	Anuncis

Languages	Llengües
Levels	Nivells
Please do not rewind the cassettes	No rebobineu les cintes, sisplau
Recycled paper	Paper reciclat
Attendance register	Registre d'assistència
Rack for texts to be corrected	Safata de textos per corregir
Timetable	Horari

academic credit	crèdit acadèmic
Arabic	àrab
assess (to)	avaluar
attendance	assistència
calendar	calendari
card (membership)	carnet
Castilian (Spanish)	castellà
Catalan	català
certificate	certificat
Chinese	xinès
class	classe
composition	redacció
conversation	conversa
coordinator	coordinador coordinadora
correction	correcció
course	curs

Danish	danès
date	data
dictation	dictat
dossier	dossier
Dutch	neerlandès
English	anglès
exam	examen
exercise book	quadern d'exercicis
exercises	exercicis
extensive	extensiu -iva
fail (to)	suspendre
form	imprès
French	francès
German	alemany
Greek	grec
improve (to)	perfeccionar
intensive	intensiu -iva
Italian	italià
Japanese	japonès
language	llengua, idioma
language lab	laboratori d'idiomes
learn (to)	aprendre
lecture room	aula
level	nivell
lexicon	lèxic
make better (to)	millorar
mark, grade	nota
Norwegian	noruec
notes	apunts
payment	pagament

pass (to)	aprovar
phonetics	fonètica
Portuguese	portuguès
practise (to)	practicar
programme	programa
pronunciation	pronunciació
registration	matrícula
Russian	rus
secretariat	secretaria
Self-Study Language Centre	centre d'autoaprenentatge
Spanish	espanyol
speak (to)	parlar
Swedish	suec
teacher	professor professora
test	prova
textbook	llibre de text
translation	traducció
tutor	tutor tutora
understand (to)	entendre
vocabulary	vocabulari
write (to)	escriure

Learning languages	**Aprendre idiomes**
I would like to study languages	Voldria estudiar idiomes

I would like to enrol for
  - a German
  - a Catalan
  - a Spanish
course
	Voldria matricular-me d'un curs
	  - d'alemany
	  - de català
	  - d'espanyol

I would like to do a... course for beginners	Voldria fer un curs inicial de...
I would like to improve my level of...	Voldria ampliar els meus coneixements de...
I want to go on studying...	Vull continuar estudiant...
I want to do a conversation course	Vull fer un curs de conversa

I would like to do an advanced course in
  - writing
  - speaking
	Voldria fer un curs de perfec-cionament
	  - escrit
	  - oral

Do I have to take a placement test?	He de fer una prova de nivell?
How many levels are there?	Quants nivells hi ha?

Are there any
  - intensive
  - long term
courses?
	Hi ha cursos
	  - intensius?
	  - extensius?

I am preparing to enrol for level...	M'estic preparant per al nivell...
I have done level... at my university	He fet el nivell... a la meva universitat
I have a pretty good level	Tinc un bon nivell

How many students are there
  - per group?
  - per class?
	Quants alumnes hi ha
	  - per grup?
	  - per classe?

Is there
  - a self-study language
   centre?
  - a language lab?
	Hi ha
	  - centre d'autoaprenentatge
	   de llengües?
	  - laboratori d'idiomes?

Can I do a conversation exchange?	Puc fer intercanvi de conversa?
Are there any conversation exchange lists?	Hi ha algun fitxer d'intercanvi de conversa?

May I speak to
  - Mr...?
  - Mrs...?
	Puc parlar amb
	  - el professor...?
	  - la professora...?

May I talk to
  - my language tutor?
  - my course coordinator?
	Voldria parlar amb
	  - el tutor de llengua
	  - la coordinadora de curs

Please give me your telephone number	Doni'm el número de telèfon, sisplau

Timetable and calendar — Horaris i calendari

I would like to see
  - the timetable
  - the calendar
	Voldria veure
	  - els horaris
	  - el calendari

What times are there?	Quins horaris hi ha?

I would like
  - the intensive course
  - the long term course
  - the summer course
calendar
	Voldria el calendari
	  - dels cursos intensius
	  - dels cursos extensius
	  - dels cursos d'estiu

How many hours of classes are there per week?	Quantes hores de classe hi ha per setmana?
How many hours are there in a course?	De quantes hores són els cursos?

I want to do an intensive
  - English
  - Italian
course
	Vull fer un curs intensiu
	  - d'anglès
	  - d'italià

I want to do
  - a three hour a week course
  - a two hour a day course
	Vull fer un curs de
	  - tres hores setmanals
	  - dues hores diàries

Please, could you give me
  - the morning
  - the lunch-time
  - the afternoon
  - the evening
course timetable
	Voldria l'horari dels cursos
	  - del matí
	  - del migdia
	  - de la tarda
	  - del vespre

May I change group?	Puc canviar de grup?
The timetable doesn't suit me. Are there any other groups?	L'horari no em va bé. Hi ha algun altre grup?

- Mornings
- Afternoons
- Evenings
are better for me
	Em va més bé
	  - al matí
	  - a la tarda
	  - al vespre

Classrooms and Departments	**Aules i departaments**
What classroom do I have to go to?	A quina aula he d'anar?

How can I get to classroom...?	Com puc anar a l'aula...?
Where is the classroom for level...?	On és l'aula del nivell...?

Where is
  - the Catalan Language Service,
  - the Language School, please?
	On és
	  - el Servei de Llengua Catalana,
	  - l'Escola d'Idiomes, sisplau?

Where is
  - the Hispanic
  - the English
  - the Classics
  - the German Philology Department?
	On és el Departament de Filologia
	  - Hispànica?
	  - Anglesa?
	  - Clàssica?
	  - Germànica?

How can I get to the... Department?	Com es va al Departament de...?

Is there
  - a self-study language centre?
  - a language lab?
	Hi ha
	  - centre d'autoaprenentatge?
	  - laboratori d'idiomes?

How can I get to
  - the Self-Study Language Centre?
  - the language lab?
	Com es va
	  - al centre d'autoaprenentatge?
	  - al laboratori d'idiomes?

Exams, Credits and Certificates | **Exàmens, crèdits i certificats**

Is there a final examination?	Hi ha examen final?

Will a final mark be given?	La nota final s'especificarà?
How many credits are given for this course?	Aquest curs, a quants crèdits equival?

I need
  - a certificate with my final mark
  - a certificate of attendance
	Necessito
	  - un certificat amb la nota final
	  - un certificat d'assistència

Could you please send the certificate
  - to my home address?
  - to my university?
	Em poden enviar el certificat
	  - a la meva adreça?
	  - a la meva universitat?

Fees	**Preus**
How much is the course?	Quin preu té el curs?
Are the courses free for exchange students?	Per als estudiants d'intercanvi, els cursos són gratuïts?

Can I get a discount
  - for being an exchange teacher?
  - for being an exchange student?
	Tinc algun descompte
	  - com a professor d'intercanvi?
	  - com a estudiant d'intercanvi?

What other advantages have I got?	Quins altres avantatges tinc?
May I pay the registration in two payments?	Puc pagar la matrícula en dos terminis?
How much is the registration form?	Quant val l'imprès de matrícula?

Is there anything else to pay?	S'ha de pagar alguna altra cosa?
Where should I go to pay?	On he d'anar a pagar?
Can I pay through my bank account?	Puc domiciliar el pagament?
What should I bring in order to make the payment?	Què he de portar per pagar?

In order to pay, do I have to bring
- my passport
- my grant confirmation letter
- my card
for the payment?

Per pagar, he de portar
- el passaport?
- la carta de la beca?
- el carnet?

How much are
- corrections?
- translations?

A quin preu són
- les correccions?
- les traduccions?

How much is
- the mathematics
- the physics
- the biology
vocabulary list?

Quant val el vocabulari
- de matemàtiques?
- de física?
- de biologia?

How much do the
- exercises
- notes
cost?

Quant valen
- els exercicis?
- els apunts?

How much is
- the dossier?
- the textbook?
- the exercise book?

Quant val
- el dossier?
- el llibre de text?
- el quadern d'exercicis?

How much is	Quant val
- the correction of	- la correcció
- the translation of	- la traducció
- this sheet of paper?	- d'aquest full?
- this essay?	- d'aquest treball?
- this document?	- d'aquest document?
- this thesis?	- d'aquesta tesi?
- this letter?	- d'aquesta carta?

Linguistic services / Serveis lingüístics

Is there	Hi ha servei de
- a correction	- correcció?
- a translation	- traducció?
service?	

How does	Com funciona el servei
- the correction	- de correcció?
- the translation	- de traducció?
service work?	

I would like	Voldria
- to see	- veure
- to buy	- comprar
	vocabularis de
- some biology	- biologia
- some physics	- física
- some mathematics	- matemàtiques
- some chemistry	- química
- some law	- dret
glossaries	

I would like to make a consultation about terms	Voldria fer una consulta terminològica

Signs / Rètols

Timetable	Horari

Summer timetable	Horari d'estiu
Open from 9 to 12	Obert de 9 (nou) a 12 (dotze)
Closed	Tancat
Back soon	Tornem de seguida
Registration has already begun	Matrícula oberta
Classroom 2	Aula 2 (dos)

adhesive tape	cel·lo
black	negre -a
blue	blau blava
book	llibre
buy (to)	comprar
(index) card	fitxa
card (light cardboard)	cartolina
catalogue	catàleg
correction fluid	corrector líquid
diary	agenda
down payment	paga i senyal
drawing pin	xinxeta
envelope	sobre
eraser	goma d'esborrar
folder	carpeta
glue	goma d'enganxar
highlighting pen	retolador

ink	tinta
label	etiqueta
letter box	bústia
magazine	revista
map	mapa
newspaper	diari
order	comanda
order (to)	encarregar
packet of folios	paquet de folis
pad	bloc
paperclip	clip
pen	bolígraf
pen refill	recanvi de bolígraf
pencil	llapis
plan	plànol
postcard	postal
red	vermell -a
ring binder	arxivador
ruled paper	paper ratllat
scissors	tisores
sell (to)	vendre
sheet of paper	full
spiral-bound notebook	llibreta amb espiral
squared paper	paper quadriculat
stamp	segell
staple	grapa
stapler	grapadora
subscription	subscripció
timetable	horari
Tipp-Ex	Tipp-Ex
tourist guide	guia turística
wrap (to)	embolicar

77

Buying office stationery	Comprar material d'escriptori

I would like
  - a packet of DIN A 4 paper
  - a notebook
	Voldria
	  - un paquet de fulls DIN A 4 (quatre)
	  - una llibreta

Do you sell recycled paper?	Té paper reciclat?

Please, give me a
  - spiral-bound notebook
  - squared paper notebook
  - ruled paper notebook
	Posi'm una llibreta
	  - amb espiral
	  - de paper quadriculat
	  - de paper ratllat

Please, give me
  - a roll of adhesive tape
  - a box of staples
  - a bottle of Tipp-Ex
  - a packet of labels
  - a pencil
  - a packet of index cards
	Posi'm
	  - un rotlle de cel·lo
	  - una capsa de grapes
	  - un Tipp-Ex
	  - un sobre d'etiquetes
	  - un llapis
	  - un paquet de fitxes...

Do you have some yellow fluorescent highlighting pens?	Tenen un retolador groc fluorescent?

I would like
  - some scissors
  - a stapler
  - a ring binder
  - a... refill
  - a diary
	Voldria
	  - unes tisores
	  - una grapadora
	  - un arxivador
	  - un recanvi de...
	  - una agenda

I would like
  - this folder
  - that postcard
	Vull
	  - aquesta carpeta
	  - aquella postal

I would like a box of paperclips and a box of drawing pins	Voldria una capsa de clips i una de xinxetes
Do you have any coloured drawing pins?	Tenen xinxetes de colors?

Are there any postcards of Güell Park?	Hi ha alguna postal del parc Güell?
Do you know where I can find some stamps and a letter box?	Sap on puc trobar segells i una bústia?

Buying books

Comprar llibres

I need this book	Necessito aquest llibre
I would like a book by... (author's name)	Voldria un llibre de... (nom de l'autor)
I would like - a horror novel - an erotic novel	Voldria una novel·la - de terror - eròtica
Where can I find - some illustrated books? - some books to give as a present? - some second-hand books?	On puc trobar llibres - il·lustrats? - per regalar? - vells?
Could you please wrap the book up for me? It's a present	Emboliqui'm el llibre per regalar
Where is - the children's book - the comic book - the cookery book - the travel guide - the foreign language book - the science book section?	On és la secció - de literatura infantil? - de còmics? - de llibres de cuina? - de guies de viatges? - de llibres en llengües estrangeres? - de llibres científics?
I would like to look up the catalogue of the... publishing company	Voldria veure el catàleg de l'editorial...

I would like to take out a subscription to the - ...newspaper - ...magazine	Voldria subscriure'm - al diari... - a la revista...
Do you have any city entertainment guides?	Tenen una guia d'espectacles de la ciutat?
I would like a tourist guide book for the Costa Brava	Voldria una guia turística de la Costa Brava
Where can I find a timetable for buses and trains?	On puc trobar un horari de trens i autobusos?
I would like - a city map - a road map	Vull - un plànol de la ciutat - un mapa de carreteres
How much is it?	Quant val?

Ordering books	**Encarregar llibres**
May I order - a dictionary? - a book?	Puc encarregar - un diccionari? - un llibre?
When will you receive my order?	Quan tindran l'encàrrec?
I will come to fetch my order next week	Passaré a buscar l'encàrrec la setmana que ve
Do I have to give you a down payment?	He de deixar paga i senyal?
How much do I have to give you as a down payment?	Quant he de donar de paga i senyal?

bind (to)	enquadernar
block up (to)	encallar
break (to)	espatllar
card (identity)	carnet
card (light cardboard)	cartolina
card (business card)	targeta
change	canvi
change money (to)	descanviar
chapter	capítol
collect (to)	recollir
coloured paper	paper de colors
copy	còpia
copy (to)	copiar
dark	fosc -a
document	document
dossier	dossier
enlarge (to)	ampliar

81

essay	treball
exercise	exercici
extend (to)	ampliar
form	imprès
illegible	il·legible
index	índex
instruction	instrucció
laminate (to)	plastificar
laminated covers	tapes plastificades
lesson	lliçó
light (colour)	clar -a
machine	màquina
map	mapa, plànol
notes	apunts
original	original
page	pàgina
photocopier	fotocopiadora
photocopy	fotocòpia
photocopy service	reprografia
reduce (to)	reduir
season ticket	abonament
self-service	autoservei
sheet of paper	full
side	cara
spine	llom
spiral	espiral
staple (to)	grapar
text	text
thesis	tesi
urgent	urgent

Making photocopies	Fer fotocòpies
I would like you to do some photocopies for me	Voldria que em fessin fotocòpies
Please make two copies of each original	Faci'm dues còpies de cada original, sisplau
I would like a photocopy of - this chapter - this sheet of paper - this card - this form - this index - this lesson - this page	Vull una fotocòpia - d'aquest capítol - d'aquest full - d'aquest carnet - d'aquest imprès - d'aquest índex - d'aquesta lliçó - d'aquesta pàgina
I need some photocopies from - page... to page... - chapter... to chapter...	Voldria fotocopiar - de la pàgina... a la pàgina... - del capítol... al capítol...

I would like
 - a 20 %
 - a 35 %
 - a 50 %
 - a 100 %
    - enlargement
    - reduction
	Voldria
	 - una ampliació
	 - una reducció
	    - del 20 % (vint per cent)
	    - del 35 % (trenta-cinc per cent)
	    - del 50 % (cinquanta per cent)
	    - del 100 % (cent per cent)

Could you
 - enlarge
 - reduce
    - this map,
    - this text,
please?
	Em pot
	 - ampliar
	 - reduir
	    - aquest plànol,
	    - aquest text,
	sisplau?

I would like to photocopy some passport-size photographs	Voldria fer fotocòpies de fotografies de carnet

I would like a colour photocopy	Voldria una fotocòpia en color

Do you do photocopies
- on coloured paper?
- on card?

Fan fotocòpies
- en paper de colors?
- en cartolina?

What colour
- paper
- card
do you have?

Quins colors
- de paper hi ha?
- de cartolina tenen?

This photocopy hasn't come out very well	Aquesta fotocòpia no ha sortit gaire bé

This sheet of paper is illegible	Aquest full és il·legible

Could you please do this photocopy for me again?	Em pot repetir aquesta fotocòpia, sisplau?

I would like to have these two sheets of paper
- copied on both sides
- stapled
- reduced
- enlarged

Voldria aquests dos fulls
- a doble cara
- grapats
- reduïts
- ampliats

I would like
- Professor X's
- Doctor X's
  - notes
  - exercises
  - dossier

Voldria
- els apunts
- els exercicis
- el dossier
- del professor X
- de la professora X
- del doctor X
- de la doctora X

Binding	Enquadernar

I would like to have
- this essay
- this thesis
- these notes
- these documents
- these maps
bound

Voldria enquadernar
- aquest treball
- aquesta tesi
- aquests apunts
- aquests documents
- aquests plànols

Could you spiral-bind
this essay?

Voldria posar espiral
en aquest treball

I would like to have
- this document
- this card
- this map
laminated

Voldria plastificar
- aquest document
- aquest carnet
- aquest mapa

I would like
- brown
- grey
- light blue
- yellow
- light green
- light pink
covers

Voldria les tapes de color
- marró
- gris
- blau cel
- groc
- verd clar
- rosa pàl·lid

I would like the spine
- in red
- in black
- in dark green

Voldria el llom de color
- vermell
- negre
- verd fosc

I would like
- plastic
- card
covers

Voldria unes tapes de
- plàstic
- cartolina

Prices	Preus
How much is each copy?	Quant val cada còpia?
How much are these copies?	Quant valen aquestes còpies?
Are there any discounts?	Hi ha descomptes?
How much will it be?	Quant valdrà?
Will it cost more than… euros?	Valdrà més de… euros?

How much does
  - laminating this card
  - binding this essay
cost?
	Quant val
	  - plastificar aquest carnet?
	  - enquadernar aquest treball?

How much are
  - these notes?
  - these exercises?
	Quant valen
	  - aquests apunts?
	  - aquests exercicis?

Time limits	Terminis
When can I come to pick it up?	Quan puc passar a recollir-ho?
When will these copies be done?	Quan estaran aquestes còpies?
I need it now	Ho necessito per ara mateix
Could you please make these copies today?	Em podrien fer aquestes còpies per avui?

I will come back	Passaré
- in a while	- d'aquí a una estona
- later	- més tard
- this afternoon	- aquesta tarda
- tomorrow morning	- demà al matí

It is very urgent	És molt urgent

Photocopy self-service	Autoservei de fotocòpies
How does the photocopier work?	Com funciona la fotocopiadora?
Could you please give me change?	Em pot descanviar, sisplau?
Do you have change for the photocopier?	Té canvi per a la fotocopiadora?
I need two one euro coins	Necessito 2 (dues) monedes d'1 (un) euro
Are these coins valid for the photocopier?	Aquestes monedes van bé per a la fotocopiadora?
Does the machine give change?	La màquina, torna canvi?
Do you have cards for the photocopier?	Tenen targetes per a la fotocopiadora?
Are these cards valid for anything else?	Aquestes targetes serveixen per a alguna altra cosa?
How many photocopies can I make with one card?	Quantes fotocòpies puc fer amb una targeta?

Can I programme the photocopier?	Puc programar la fotocopiadora?
I don't understand the instructions	No entenc les instruccions
Could you please help me?	Em pot ajudar, sisplau?

The copies come out
- too light
- too dark

Les còpies queden
- massa clares
- massa fosques

The photocopier
- doesn't work
- is broken
- is blocked up

La fotocopiadora
- no funciona
- s'ha espatllat
- s'ha encallat

The photocopier
- doesn't take my money
- doesn't accept the card
- doesn't return the coin
- doesn't return the card

La fotocopiadora
- em retorna la moneda
- no accepta la targeta
- s'ha quedat la moneda
- s'ha quedat la targeta

Signs at the photocopier	**Rètols de les fotocopiadores**
To use the photocopier, key in your number and introduce your card or your coins	Poseu el número clau, la targeta de facturació o monedes per fer servir la fotocopiadora
This machine gives change	Aquesta màquina torna canvi
It works with... euro coins	Funciona amb monedes de...
Paper supply	Subministrament de paper
Copy exit	Sortida de còpies

Reduce	Reduir
Enlarge	Ampliar
Double-sided copy	Còpia a doble cara
Book mode	Mode de llibres
Copy quality	Qualitat de còpia
For any difficulties, phone…	Per a incidències, telèfon…

alphabetical order	ordre alfabètic
antivirus	antivirus
bold	negreta
CD-ROM	CD-ROM (ce de rom)
code	codi
computer	ordinador
connect (to)	connectar
connection	connexió
copy (to)	copiar
database	base de dades
delete (to)	esborrar
disconnect (to)	desconnectar
disk drive	disquetera
document	document
edit (to)	editar
E-mail address	correu electrònic

English	Català
E-mail	correu electrònic
file	fitxer, arxiu
file (to)	arxivar
floppy disk	disquet
format (to)	formatar
graphic	gràfica
hard disk	disc dur
instructor	monitor monitora
key	tecla
keyboard	teclat
laser	làser
letter	lletra
memory	memòria
monitor	monitor
mouse	ratolí
network	xarxa
print (to)	imprimir
printer	impressora
programme	programa
screen	pantalla
search (to)	buscar
sheet of paper	full
shut down (to)	tancar
start up (to)	engegar
tabulator	tabulador
underline (to)	subratllar
virus	virus
wire	cable

Computer courses	Cursos d'informàtica
What computer courses are available?	Quins cursos d'informàtica organitzen?
I would like to do a basic computing course	Voldria fer un curs d'informàtica bàsica
I would like to know the computer course timetables	Voldria saber el calendari dels cursos d'informàtica
I want to know the computer course - timetables - syllabus - contents	Vull saber - l'horari - el programa - el contingut dels cursos d'informàtica
I would like to know what the computer course levels are	Voldria saber el nivell dels cursos d'informàtica
Do I have to do any kind of test?	He de fer alguna prova?
Are any - certificates - credits given at the end of the course?	En acabar, donen algun - certificat? - crèdit?
I would like to know how much the computer courses cost	Voldria saber el preu dels cursos d'informàtica
Are there discounts for exchange students?	Hi ha algun descompte per als estudiants d'intercanvi?
Do I have to apply for a card?	M'he de fer algun carnet?

What should I bring in order to have a card?	Què he de portar per fer-me el carnet?

Will
  - the Economics
  - the Physics
  - the Law
School card do?
	Em serveix el carnet de la Facultat
	  - d'Econòmiques?
	  - de Física?
	  - de Dret?

The computer classroom	**Aula d'informàtica**
Where is the computer classroom?	On és l'aula d'informàtica?

Where can I find the instructor?	On puc trobar
	  - el monitor?
	  - la monitora?

What classrooms may I use?	Quines aules puc fer servir?
What computer may I use?	Quin ordinador puc fer servir?
Are there any screens in colour?	Hi ha pantalla de color?

I need
  - a mouse,
  - a keyboard,
please
	Necessito
	  - un ratolí,
	  - un teclat,
	sisplau

Which word processors are available?	Quins processadors de textos tenen?
I can't understand the instructions	No sé interpretar les ordres

How can I	Com puc fer
- make bold letters?	- negretes?
- underline?	- subratllat?
- indent?	- una entrada?
- make graphics?	- un gràfic?
- order alphabetically?	- un ordre alfabètic?

Could you please help me?	Em pot ajudar, sisplau?

Please, explain it to me more slowly	Expliqui-m'ho més a poc a poc, sisplau

What is the RAM memory of this computer?	Quanta memòria té aquest ordinador?

I would like to see this CD-ROM	Voldria veure aquest CD-ROM (ce de rom)

Could you let me have a diskette, please?	Em pot deixar un disquet, sisplau?

Are these diskettes	Aquests disquets,
- high density?	- són d'alta densitat?
- double density?	- són de doble densitat?
- formatted?	- estan formatats?

My diskette doesn't work	El meu disquet no funciona

Where can I buy diskettes?	On puc comprar disquets?

I would like to learn how to	Voldria aprendre
- make a database	- a fer una base de dades
- make graphics	- a fer gràfics
- copy	- a copiar
- change the type of letter	- a canviar de lletra

May I learn… language?	Puc aprendre llenguatge…?

I am looking for - a document - a programme - a file	Busco un - document - programa - arxiu
I would like to - delete - edit a document	Voldria - esborrar - editar un document
When I finish, do I have to - leave the computer on? - switch the computer off?	Quan acabi, he de deixar l'ordinador - engegat? - apagat?
May I save the document on the hard disk?	Puc arxivar el document al disc dur?
Are you connected to - other universities? - Internet?	Hi ha connexió amb - altres universitats? - Internet?
Can I connect to Internet?	Puc connectar-me a Internet?
I would like to have an E-mail address	Voldria tenir una adreça de correu electrònic
Do I have to pay a supplementary fee?	He de pagar alguna quota suplementària?

Printing	**Imprimir**
I would like to use the printer	Voldria fer servir la impressora
Can I print these files?	Puc imprimir aquests arxius?
How does the printer work?	Com funciona la impressora?

Is there - a laser printer? - a colour printer?	Hi ha impressora - làser? - en color?
Can I choose the type of letter?	Puc triar el tipus de lletra?
I would like - bigger - smaller letters	Voldria una lletra de mida - més gran - més petita
Where can I find some paper for the printer?	On puc trobar paper per imprimir?
We have run out of paper	S'ha acabat el paper
Please could you give me - a sheet of paper? - some sheets of paper?	Em pot donar - un full de paper, - uns quants fulls de paper, sisplau?
Have you got any recycled paper?	Té paper reciclat?
The printer is broken	S'ha espatllat la impressora La impressora no funciona
The printer doesn't print graphics	La impressora no imprimeix els gràfics

Signs	Rètols
No smoking	No fumeu
Food and drinks are not allowed in this room	No es poden entrar ni menjar ni begudes a la sala

97

Insert your diskette and load the antivirus	Passeu els vostres disquets per l'antivirus
Do not save your documents on the hard disk. The files are deleted periodically	No guardeu fitxers al disc dur. Periòdicament es netegen
Do not move computers or printers around	No canvieu de lloc ni els ordinadors ni les impressores
Games are not allowed	No es poden fer servir jocs
Use of the Internet is solely for educational purposes	L'ús d'Internet està restringit a finalitats vinculades amb la docència
Instructors room	Aula de monitors

advance	bestreta
agency	agència
amount	import
authorize payment (to)	conformar
balance	saldo
bank	banc
bankbook	llibreta d'estalvis
bill	rebut
bill of exchange	lletra
bolt	pestell
branch	sucursal
bureau de change	oficina de canvi
cancel (to)	cancel·lar
card	targeta
cash dispenser	caixer automàtic

certified cheque	taló conformat o registrat
change (to)	canviar
charge (to)	cobrar
cheque payable to...	taló nominatiu
chequebook	talonari
coin	moneda
commission	comissió
countersign (to)	firmar
credit (to)	ingressar
crossed cheque	taló barrat
crown	corona
(foreign) currency	divisa
current account	compte corrent
deposit	ingrés, dipòsit
desk	taulell
dollar	dòlar
drachma	dracma
draw (to)	treure
envelope	sobre
escudo	escut
exchange	canvi
fine	multa
franc	franc
guarantee	aval
guilder	florí
have amt. paid from one's account (to)	domiciliar
instalment	termini
interest	interès

lira	lira
loan	préstec, crèdit
magnetic strip	banda magnètica
manager	director directora
mark	marc
money	diners
note	bitllet
omnibus account	compte combinat
pay (to)	pagar
payment	pagament
peseta	pesseta
peso	pes
PIN number	número secret
pound	lliura
quantity	quantitat
rate	taxa
receipt	comprovant
representative	delegat delegada
save (to)	estalviar
saving	estalvi
savings bank	caixa d'estalvis
sign (to)	signar
signature	firma, signatura
statement	extracte
tax	impost
transfer	transferència
traveller's cheque	xec de viatge
window	finestreta
withdrawal	reintegrament

Opening an account	Obrir un compte
I would like	Voldria obrir
- to open a current account	- un compte corrent
- to open a savings account	- una llibreta d'estalvi
- to open an omnibus account	- un compte combinat
- a credit card	- una targeta de crèdit
- a cash card	- una targeta moneder
What would you advise me to do?	Vostè què m'aconsella?
I need	Necessito
- to save money	- estalviar diners
- to make payments	- fer pagaments
- to receive transfers	- rebre transferències
- to have my bills paid from my account	- domiciliar rebuts
- to ask for a loan	- demanar un préstec
- to ask for an advance	- demanar una bestreta
- to change currency	- canviar divises
What do I need in order to open	Què necessito per obrir
- an account?	- un compte?
- a savings account?	- una llibreta?
Do I need to bring my passport?	He de portar el passaport?
Do I have to make any kind of deposit?	He de deixar algun dipòsit?
What rate of interest do you pay?	Quins interessos donen?
What is the rate of interest on a loan?	Quin interès paga un préstec?

If I go into the red, what rate of interest do I have to pay?	Si tinc saldo negatiu, quins interessos he de pagar?
Where do I have to sign?	On he de signar?

Changing foreign currency	**Canviar divises**
I would like to change - dollars - pounds - roubles	Voldria canviar - dòlars - lliures - rubles
What commission do I have to pay?	Quina comissió he de pagar?
Do I have to pay any other fees?	He de pagar alguna altra taxa?
Could I have a receipt, please?	Faci'm un rebut, sisplau
Could you please give me change?	Em pot donar canvi, sisplau?
Do you have - 1 cent - 2 cent - 5 cent - 10 cent - 20 cent - 50 cent coins?	Té monedes - d'1 (un) - de 2 (dos) - de 5 (cinc) - de 10 (deu) - de 20 (vint) - de 50 (cinquanta) cèntims?
What is the value of this coin?	Aquesta moneda, de quant és?

Do these two coins have the same value?	Aquestes dues monedes, tenen el mateix valor?

Do you have
  - 5 euro
  - 10 euro
  - 20 euro
  - 50 euro
notes?
	Té bitllets
	  - de 5 (cinc)
	  - de 10 (deu)
	  - de 20 (vint)
	  - de 50 (cinquanta)
	euros?

What is the exchange rate for
  - the dollar?
  - the pound?
	A quant es canvia
	  - el dòlar?
	  - la lliura?

What is the minimum amount I can change?	Quina és la quantitat mínima que puc canviar?

Where can I change currency on Sundays?	On puc canviar divises el diumenge?

Can I use any branch office?	Puc fer operacions en qualsevol agència?

Financial transactions	**Gestions bancàries**
I would like some information	Voldria informació
I would like to know whether a sum of money has been transferred to my account	Voldria saber si he rebut una transferència de diners
What is the balance on my account?	Quin saldo tinc?

I would like	Voldria
- to know what the balance on my account is	- saber el meu saldo
- to cash this cheque	- cobrar aquest taló
- to make a withdrawal	- treure diners
- to pay money in	- fer un ingrés
- to pay a fine	- pagar una multa

I am expecting	Espero
- a transfer	- una transferència
- a refund	- un reintegrament
- an advance payment	- una bestreta

I would like a statement	Voldria un extracte del compte

I want to pay this registration fee from my savings account	Vull pagar aquesta matrícula amb la llibreta

Can I pay this registration fee in cash?	Puc pagar aquesta matrícula en metàl·lic?

Have I got a PIN number?	Tinc número secret?

I would like to change my PIN number	Voldria canviar el meu número secret

My	El número
- savings account	- de la llibreta
- account	- del compte
number is...	és el...

Could I have a credit card?	Em poden fer una targeta?

I would like to have a credit card	M'agradaria tenir targeta

What commission is charged for having a credit card?	Quina és la comissió de les targetes de crèdit?

I would like - a bank loan - an advance	Voldria - un crèdit - una bestreta

What is the interest rate?	Quin interès es paga?

I want to pay - the rent - the electricity bill - the water bill - the telephone bill by direct debit	Vull domiciliar el pagament - del lloguer - del rebut de la llum - del rebut de l'aigua - del telèfon

I would like to pay for an electric appliance in instalments	Voldria comprar un electro-domèstic a terminis

I need a guarantee	Necessito un aval

I want to pay into my - account - savings account number...	Vull fer un ingrés - al compte - a la llibreta número...

I want to cancel - this savings book - this account - this card	Vull cancel·lar - aquesta llibreta - aquest compte - aquesta targeta

I would like a - cheque payable to the bearer - cheque payable to... - a crossed cheque - a certified cheque	Voldria un taló - al portador - nominatiu - barrat - conformat

I need - to certify - to register my signature	Necessito - conformar - registrar la meva firma

My cheque book is used up	He acabat el talonari

I would like another cheque book	Voldria un altre talonari

Business hours | Horaris

What are the bank's opening hours?	Quin és l'horari d'aquesta agència?
When can the cash dispensers be used?	Quin horari tenen els caixers automàtics?
Does the cash dispenser operate twenty-four hours a day?	Els caixers automàtics, funcionen les 24 (vint-i-quatre) hores del dia?
Until what time can - deposits - payments be made?	Fins a quina hora fan - ingressos? - pagaments?

Incidents | Incidències

There is nobody at the information desk	Al taulell d'informació no hi ha ningú
Cash dispenser number... - has kept my card - has kept my savings book - has not given me my money - has given me a wrong amount	El caixer automàtic número... - se m'ha quedat la targeta - se m'ha quedat la llibreta - no m'ha donat els diners - no m'ha donat bé l'import

When will I be able to have my documents back?	Quan podré recuperar els meus documents?
I need money but I don't have my savings book	Necessito diners i no tinc la llibreta
I need money and the cash dispenser has kept my card	Necessito diners i el caixer automàtic se m'ha quedat la targeta
Is there another solution?	Hi ha alguna altra solució?

The magnetic strip on the card
  - is scratched
  - has been erased
	La banda magnètica de la targeta
	  - s'ha ratllat
	  - s'ha esborrat

The card doesn't work	La targeta no va bé
My savings book is used up	He acabat la llibreta
I have lost my savings book	He perdut la llibreta

My
  - savings book
  - credit card
has been stolen
	M'han pres
	  - la llibreta
	  - la targeta

A charge which is not mine has been paid from my account	M'han fet un càrrec que no és meu
I didn't authorize this payment	No he donat autorització per fer aquest pagament
This is not my signature	Aquesta firma no és meva
These bills paid from my account are not mine	Jo no tinc aquests rebuts domiciliats

I want you to cancel these charges	Vull que m'esborrin aquests càrrecs

Signs	**Rètols**
Cash desk	Caixa
Manager's office	Despatx del director / de la directora
Information	Informació
Business hours	Horari
Exchange	Canvi
Cash dispenser	Caixer automàtic
Nearest cash dispensers	Caixers més propers
Phone number… for help	Assistència telèfon número…
Savings book	Llibreta
Document	Document
Envelopes	Sobres
Notes	Bitllets
Introduce the envelope	Introdueixi el sobre
Welcome	Benvingut

 **AT THE BANK**

Pay in
  - without your savings book
  - without your card
	Ingressar sense
	  - llibreta
	  - targeta

Cancel	Cancel·lar
Correct	Corregir
Continue	Continuar
Key in the amount	Teclegi l'import
PIN number	Número secret
Security bolt	Pestell de seguretat

abdomen, belly	ventre
ache	dolor
alcohol	alcohol
allergic	al·lèrgic -a
allergy	al·lèrgia
analysis	anàlisi
ankle support	turmellera
antibiotic	antibiòtic
arm	braç
aspirin	aspirina
asthma	asma
back	esquena
band-aid	tireta
bandage	bena
bandage (to)	embenar
bed	llit

blood pressure	pressió sanguínia
bronchitis	bronquitis
burn	cremada
burn oneself (to)	cremar-se
casualty department	urgències
chemist's	farmàcia
chiropodist	callista
clinic	dispensari
cold	constipat, refredat
condom	preservatiu
constipation	restrenyiment
contraceptive	anticonceptiu
cotton wool	cotó fluix
cough	tos
cream	crema
cure (to)	curar
cut	tall
dentist	dentista
diarrhoea	diarrea
disinfectant	desinfectant
dizziness	mareig
doctor	metge metgessa
documentation	documentació
ear	orella
elbow	colze
elbow guard, elbow pad	colzera
eye	ull
feel dizzy (to)	marejar-se
fever	febre
flu	grip

foot	peu
fracture	fractura
gauze	gasa
get drunk (to)	emborratxar-se
girdle	faixa
gynaecologist	ginecòleg ginecòloga
haemorrhage	hemorràgia
hand	mà
have a bowel movement (to)	anar de ventre
head	cap
health	salut
hear (to)	sentir-hi
hepatitis	hepatitis
hives	urticària
hospital	hospital
hurt (to)	fer mal
ill	malalt malalta
illness	malaltia
injection	injecció
injury	ferida
insomnia	insomni
insulin	insulina
insurance	assegurança
itch	picor
knee	genoll
knee bandage	genollera
knock (to)	colpejar-se
laxative	laxant
measles	xarampió
medicine	medicament

medicine (science)	medicina
medicine chest	farmaciola
molar	queixal
mumps	galteres
neck	coll
nurse	infermer infermera
nurse (specializing in giving injections)	practicant
office, surgery	consultori
ointment	pomada
operate (to)	operar
operation	operació
ophthalmologist	oftalmòleg oftalmòloga
pain	mal
painkiller	analgèsic
penicillin	penicil·lina
peroxide	aigua oxigenada
pharyngitis	faringitis
plaster (to)	enguixar
pneumonia	pulmonia
policy	pòlissa
polio	pòlio
pregnant	embarassada
prescription	recepta
private hospital	clínica
psychiatrist	psiquiatre psiquiatra
psychologist	psicòleg psicòloga
pulse	pols
remedy	remei
sanitary pad	compresa
see (to)	veure-hi

serious	greu
shift	torn
slight	lleu
sore throat	angines
speck	brossa
spot	gra
sticking plaster	esparadrap
sting	picada
stitch	punt
stomach	estómac
sunstroke	insolació
suppository	supositori
tablet	pastilla
tetanus	tètanus
thermometer	termòmetre
tooth	dent
tranquillizer	calmant
tuberculosis	tuberculosi
twist (to)	torçar
vomit	vòmit
wristband	canellera
x-ray	radiografia
zone	zona

Asking for medical assistance	**Demanar assistència**
I need	Necessito
- a doctor	- un metge
- some medicine	- un medicament
- a chemist's	- una farmàcia
- a hospital	- un hospital

Please take me to the hospital	Porti'm a urgències, sisplau
Could you please call...?	Pot avisar...?
I would like to go to - the dentist's - the gynaecologist's - the psychiatrist's	Voldria anar a - cal dentista - cal ginecòleg - cal psiquiatre
I want to make an appointment with the...	Vull demanar hora per al...
I would like to see - an ophthalmologist - an ENT specialist	Voldria que em visités - un oftalmòleg - un otorinolaringòleg
I have to have - an analysis - an X-ray	M'he de fer - una anàlisi - una radiografia
Can you advise me about a...?	Em pot aconsellar un...?
Where is Doctor X's office?	On és el consultori del doctor X?

Going to the doctor's	**Anar a cal metge**
I don't feel well	No em trobo bé
I have a fever	Tinc febre
I feel sick	Em trobo malament
It hurts me here	Em fa mal aquí

I have	Em fa mal
- earache	- l'orella
- toothache	- el queixal

My knee aches	Em fa mal el genoll

My foot hurts	Em fa mal el peu

My... hurts me a little	Tinc una mica de dolor a...

My	Tinc
- head	- mal de cap
- neck	- mal de coll
- stomach	- mal d'estómac
- abdomen	- mal de ventre
- back	- mal d'esquena
aches	

I have caught a cold	M'he refredat

I have cut my...	M'he fet un tall a...

I received a blow to my...	M'he donat un cop a...

I've just got a speck in my eye	Se m'ha posat una brossa a l'ull

I have twisted	M'he torçat
- my arm	- el braç
- my foot	- el peu
- my knee	- el genoll
- my leg	- la cama

	No puc
I am constipated	- anar de ventre
I can't sleep	- dormir

I can't see properly	No hi veig bé

I can't hear properly	No hi sento bé

I am pregnant	Estic embarassada

	Sóc
	- al·lèrgic
I am allergic	- al·lèrgica
- to sticking plaster	- a l'esparadrap
- to penicillin	- a la penicil·lina

I am diabetic	Sóc
	- diabètic
	- diabètica

Could you give me a prescription for	Em pot receptar
- this medicine?	- aquest medicament?
- a medicine for...?	- un medicament per a...?

Buying medicine — Comprar medicaments

Where's the chemist's?	On hi ha una farmàcia?

Are there any on duty chemists'?	Hi ha farmàcies de torn?

Where can I buy this medicine?	On puc comprar aquesta medecina?

Do I need a prescription to buy aspirins?	Necessito una recepta per comprar aspirines?

I would like	Voldria
- alcohol	- alcohol
- cotton wool	- cotó fluix
- some band-aids	- tiretes
- some condoms	- preservatius
- a suntan cream	- una crema solar

I need	Necessito
- an ankle support	- una turmellera
- a wristband	- una canellera
- a support girdle	- una faixa

Can I try
  - the knee bandage
  - the elbow guard
on?
	Em puc emprovar
	  - la genollera?
	  - la colzera?

Do you have a remedy
  - for toothaches?
  - for hives?
  - for diarrhoea?
	Tenen algun remei per
	  - al mal de queixal?
	  - a la urticària?
	  - a la diarrea?

Do I have to pay for the medicines?	He de pagar els medicaments?
Where can I get my ears pierced?	On fan forats a les orelles?

Insurance	**Assegurança**
I have this insurance policy	Tinc aquesta assegurança
What does my policy cover?	Quina cobertura em dóna la meva pòlissa?
I don't have social security papers	No tinc la documentació de la Seguretat Social
I want to take out medical insurance	Vull subscriure una pòlissa mèdica
I would like medical insurance	Voldria una assegurança mèdica

Signs	**Rètols**
Duty Chemist's	Farmàcia de torn
Casualty Department	Urgències
Clinical Analysis	Anàlisis clíniques

adventure sports	esports d'aventura
aerobics	aeròbic
armband	braçalet
athletics	atletisme
bag	bossa
ball	pilota
bar	barra
basket	cistella
basketball	bàsquet
bathing suit	banyador
bicycle	bicicleta
book (to)	reservar
cap	gorra
caretaker, superintendent	conserge
(membership) card	carnet

(gold) chain	cadena
climbing	escalada
coordinator	coordinador coordinadora
cycling	ciclisme
director	director directora
earrings	arracada
field, pitch	terreny de joc
fitness	*fitness* (musculació)
folder	carpeta
football	futbol
game	joc
glasses (spectacles)	ulleres
goal	porteria
gym apparatus	aparells de gimnàstica
gymnasium	gimnàs
gymnastics	gimnàstica
hall	sala
handball	handbol
hockey	hoquei
hurdle	tanca
ice hockey	hoquei sobre gel
instructor	monitor monitora
jacket	jaqueta
keep-fit area	àrea de manteniment
key	clau
leave (to)	deixar-se
light	llum
line	línia

line of cork floats	surada
locker	armariet
locker room	vestidors
lose (to)	perdre
mat	matalàs
match	partit
medical attention	servei mèdic
medicine cabinet	farmaciola
mountaineering	muntanyisme
net	xarxa
parallel bars	paral·leles
person in charge	encarregat encarregada
pole	perxa
play (to)	jugar
practise (to)	practicar
race	cursa
racket	raqueta
recover (to)	recuperar-se
referee	àrbitre àrbitra
rhythmic gymnastics	gimnàstica rítmica
ring	anell
rope	corda
sail	vela
satchel, sack	cartera
sauna	sauna
shoes	sabates
shorts	pantalons curts
shower	dutxa

skates	patins
ski	esquí
sneakers	sabatilles
soap	sabó
socks	mitjons
sports field	camp d'esports
sports hall	pavelló
sports	esports
stick	estic
stopwatch	cronòmetre
swim (to)	nedar
swimming	natació
swimming pool	piscina
T-shirt	samarreta
table tennis	tennis de taula
team	equip
tennis	tennis
towel	tovallola
track, court	pista
tracksuit	xandall
train (to)	entrenar-se
trainer	entrenador entrenadora
volleyball	voleibol
wall bars	espatlleres
watch	rellotge
whistle	xiulet
yoga	ioga

natació

piscina

tennis de taula

tennis

àrbitre

bàsquet

futbol

hoquei patins

atletisme

ciclisme

vela

gimnàstica

Asking for information	Demanar informació
I would like some information about sports activities	Voldria informació sobre activitats esportives
What sports can I do?	Quins esports puc practicar?

Do I need
  - a card?
  - a medical certificate?
	Necessito
	  - algun carnet?
	  - algun certificat mèdic?

Do I have to enrol?	He de fer alguna matrícula especial?
Does the course registration entitle me to practise sports?	Amb la matrícula del curs, tinc dret a fer esports?
Do I have to pay a fee?	He de pagar alguna quota?

I want to practise
  - athletics
  - basketball
  - cycling
  - football
	Vull practicar
	  - atletisme
	  - bàsquet
	  - ciclisme
	  - futbol

May I practise on my own?	Puc practicar pel meu compte?
Do I have to do an introductory session?	He de fer alguna sessió d'aprenentatge?

May I
  - train on my own?
  - join the... team ?
	Em puc
	  - entrenar sol?
	  - integrar en algun equip de...?

Are there any - aerobics - yoga - keep-fit classes?	Hi ha classes - d'aeròbic? - de ioga? - de gimnàstica de manteniment?

Where do I have to go - to swim? - to play tennis? - to sail?	On he d'anar per fer - natació? - tennis? - vela?

Where can I get information about - adventure sports? - hockey? - rhythmic gymnastics?	On m'informaran per fer - esports d'aventura? - hoquei? - gimnàstica rítmica?

Can I bring a friend with me?	Puc portar - un amic? - una amiga?

Do people accompanying members have to pay admission?	Els acompanyants, han de pagar entrada?

How can I get to - the marina? - the stadium? - the swimming pool? - the hall?	Com es va - al port? - a l'estadi? - a la piscina? - al pavelló?

What is the best means of transport to go to...?	Quin és el millor mitjà de transport per anar a...?

Could you give me the exact address, please?	Em pot donar l'adreça exacta, sisplau?

127

Do you offer medical attention?	Hi ha servei mèdic?

Sports facilities	**Instal·lacions**

Where is
  - the football field?
  - the swimming pool?
  - the tennis court?
  - the sports hall?
  - the gymnasium?
	On és
	  - el camp de futbol?
	  - la piscina?
	  - la pista de tennis?
	  - el pavelló d'esports?
	  - el gimnàs?

I am enrolled
  - in swimming
  - in football
  - in athletics
	Estic apuntat/apuntada
	  - a natació
	  - a futbol
	  - a atletisme

Where are the changing rooms, please?	On són els vestidors, sisplau?
Where is the shower?	On és la dutxa?
Is there hot water?	Hi ha aigua calenta?
I want a locker to keep my clothes in	Vull un armariet per a la roba
Are there any lockers to leave my belongings in?	Hi ha armariets per deixar les coses?
Can I leave my things in the locker until tomorrow?	Puc deixar les meves coses a l'armariet per demà?
Where do I leave the key?	On deixo la clau?
If I lose the key, what do I have to do?	Si perdo la clau, què he de fer?

Are the courts floodlit in the evenings?	Al vespre, les pistes estan il·luminades?
What time do you switch the track lights on?	A quina hora encenen els llums de les pistes?
Is it compulsory to wear a swimming cap in the pool?	Per fer natació, és obligatori portar gorra de bany?
Do I have to wear sneakers to walk around the hall?	He de caminar amb sabatilles pel pavelló?
May I wear shoes?	Puc anar amb sabates?
What time do you close?	A quina hora tanquen?

I would like to talk to
- the person in charge of the locker rooms
- the track coordinator
- the hall manager
- the referee

Voldria parlar amb
- l'encarregat de vestidors
- la coordinadora de pistes
- la directora del pavelló
- l'àrbitre

Asking for equipment — Demanar material

I need
- a ball
- a rope
- a hurdle
- a pole
- a net

Vull
- una pilota
- una corda
- una tanca
- una perxa
- una xarxa

Could you please lend me
- a stopwatch?
- a whistle?

Em poden deixar
- un cronòmetre,
- un xiulet,
sisplau?

I have left	M'he deixat
- my shorts	- els pantalons curts
- my tracksuit	- el xandall
- my bathing suit	- el banyador
- my towel	- la tovallola
- my sneakers	- les sabatilles
at home	

May I hire some sports equipment?	Puc llogar material esportiu?

Incidents / Incidències

I have lost	He perdut
- my bathing suit	- el banyador
- an earring	- una arracada
- a ring	- un anell
- a pair of shoes	- unes sabates
- my watch	- el rellotge
- my bag	- la bossa

I left	Ahir em vaig deixar
- my card	- el carnet
- my jacket	- la jaqueta
- my shower gel	- el sabó de la dutxa
- my folder	- una carpeta
- my glasses	- les ulleres
here yesterday	

Is there a lost property office?	Hi ha oficina d'objectes perduts?

Have you found a...?	Han trobat
	- algun...?
	- alguna...?

How can I get my belongings back, please?	Com puc recuperar les meves coses, sisplau?

Booking a time	Reservar hora
I would like to book	Voldria reservar
- the track	- la pista
- the field	- el camp
- for one hour	- una hora
- for two hours	- dues hores
I want to book	Vull reservar hora
- for Monday	- per a dilluns
- for Tuesday	- per a dimarts
- for Wednesday	- per a dimecres
- for next week	- per a la setmana que ve
Are there any hours free	Queden hores lliures
- for tomorrow?	- per a demà?
- for the day after tomorrow?	- per a demà passat?
- for today?	- per a avui?
- for this afternoon?	- per a aquesta tarda?
I have a time booked for Monday and I would like to change it to Tuesday	Tinc hora reservada per a dilluns i voldria canviar-la per a dimarts
I have a time booked today and I would like to change it for tomorrow	Tinc hora reservada per a avui i voldria canviar-la per a demà
How many hours can I book	Quantes hores puc reservar
- per day?	- per dia?
- per week?	- per setmana?

album	àlbum
battery	pila
black	negre -a
break (to)	espatllar-se
camera	càmera fotogràfica
case, cover	funda
colour	color
come out fogged (to)	velar-se
copy	còpia
develop (to)	revelar
developing	revelatge
diaphragm	diafragma
enlarge (to)	ampliar
enlargement	ampliació
expired	caducat -ada
exposure	exposició

film	pel·lícula
filter	filtre
flash	flaix
format	format
frame	marc
lens	objectiu
light bulb	bombeta
matt	mat
negative	negatiu
paper	paper
photo	foto
photo booth	màquina de fer fotografies
photograph (to)	fotografiar
photographer	fotògraf fotògrafa
photography	fotografia
repair	reparació
roll of film	rodet, carret
satin (adjective)	setinat -ada
sensitivity	sensibilitat
shutter	obturador
slide	diapositiva
spool	rodet
strap	corretja
ticket	resguard
tripod	trípode
video	vídeo
video tape	cinta de vídeo
waterproof	submergible
white	blanc -a

Passport-size photos	Fer-se fotos de carnet
I need some identity-card size photos	Necessito fotografies de carnet

I need 4 photos
  - for my passport
  - for my university card
	Necessito 4 (quatre) fotos
	  - per al passaport
	  - per al carnet de la universitat

I would like my photos
  - in colour
  - in black and white
  - bigger
  - smaller
	Voldria les fotos
	  - en color
	  - en blanc i negre
	  - més grans
	  - més petites

Do you make photocopies of passport-size photos?	Fan fotocòpies de fotografies de carnet?
Is there a passport-size photograph self-service?	Hi ha autoservei de fotos de carnet?
How many photos does the photo booth take?	Quantes còpies fa, la màquina?
Do you have a mirror so I can comb my hair, please?	Tenen un mirall per pentinar-me, sisplau?
What coins are necessary for the photo booth?	La màquina, amb quines monedes funciona?
Do you have change, please?	Té canvi, sisplau?
Will this coin do?	Aquesta moneda m'anirà bé?

The photo booth
  - is out of order
  - doesn't work
  - doesn't show any sign of working
	La màquina
	  - no va bé
	  - no funciona
	  - no fa cap senyal

The photo booth	La màquina
- has kept my money	- se m'ha quedat els diners
- hasn't dispensed my photos	- no m'ha donat les fotos

I want to get my money back	Vull recuperar els diners

Signs at the photo booth

Rètols de les màquines de fotos de carnet

Coins	Monedes

Eye level	Alçada dels ulls

Move the seat	
- up	- Alci
- down	- Abaixi
	el seient

Wait	Esperi

Choose	Triï
- identity card-size photo	- foto carnet
- passport-size photo	- foto passaport
- ID	- DNI

In service	En disposició de servei

Out of order	Fora de servei

If you have any complaints, phone number...	Per a reclamacions, telèfon...

Buying photographic material

Comprar material fotogràfic

I would like a	Voldria un carret
- 16 exposure	- de 16 (setze)
- 24 exposure	- de 24 (vint-i-quatre)
- 36 exposure	- de 36 (trenta-sis)
roll of film	exposicions

I would like a roll of film for slides	Voldria un carret de diapositives
I would like a - 100 ASA - 200 ASA - 400 ASA film	Voldria pel·lícula de sensibilitat - 100 (cent) ASA - 200 (dos-cents) ASA - 400 (quatre-cents) ASA
Could you please put the film in my camera?	Em pot posar el carret a la màquina, sisplau?
Do you have disposable cameras?	Tenen càmeres d'un sol ús?
I would like a disposable waterproof camera	Voldria una càmera d'un sol ús i submergible
Do you have - frames? - albums?	Tenen - marcs? - àlbums?
I would like a frame for this photograph	Voldria un marc per a aquesta fotografia
I would like an album for these photographs	Voldria un àlbum per guardar aquestes fotografies
Do you have any spare parts, please?	Tenen recanvis, sisplau?
I would like - a battery - a light bulb - a flash - a lens - a filter - a strap - a case	Voldria - una pila - una bombeta - un flaix - un objectiu - un filtre - una corretja - una funda

137

Do you sell any second-hand spare parts?	Venen recanvis de segona mà?
Where could I find some second-hand spare parts, please?	On podria trobar recanvis de segona mà, sisplau?
I would like a videotape	Voldria una cinta de vídeo

Do you have
- VHS videotapes?
- eight millimetre film?

Tenen cintes
- VHS? (ve hac essa)
- de 8 (vuit) mil·límetres?

I want
- a 30 minute tape
- a 60 minute tape
- a 90 minute tape

Vull una cinta
- de 30 (trenta)
- de 60 (seixanta)
- de 90 (noranta)
minuts

My camera is broken	Se m'ha espatllat la màquina
Do you repair ...(brand)... cameras?	Arreglen càmeres de la marca...?

I don't think
- the shutter works
- the roll of film moves
- the battery works
- the flash is working

Em sembla que
- l'obturador no funciona
- el carret no corre
- la pila no fa senyal
- no acciona el flaix

Developing

Revelar

Could you please develop this roll of film?

Em podrien revelar aquest carret, sisplau?

I want it developed	Vull un revelatge
- with a satin finish	- setinat
- with a matt finish	- mat
- in colour	- en color
- in black and white	- en blanc i negre
- in the normal way	- normal
I would like	Voldria les fotos
- the photos to be this size	- d'aquesta mida
- 4 x 6 photos	- de 10 x 15
	(deu per quinze)
- bigger photos	- més grans
Please, make three copies of the A3 negative	Sisplau, faci'm tres còpies del negatiu A3 (a tres)
I want a 7 x 9 enlargement	Vull una ampliació de 18 x 24 (divuit per vint-i-quatre)
I would like a negative of this photo	Voldria un negatiu d'aquesta fotografia
I would like a photograph from this slide	Voldria passar aquesta diapositiva a paper
Could you make a negative of this slide?	Em poden fer un negatiu d'aquesta diapositiva?
I have come to fetch Mr./Mrs. X's photos	Vinc a recollir les fotos a nom de…
This is the wrong envelope	S'han equivocat de sobre
These photographs are not mine	Aquestes fotografies no són meves
I have lost my receipt	He perdut el resguard

139

There are some copies missing from this envelope	En aquest sobre, hi falten còpies
Could you make the missing copies, please?	Em podrien fer les còpies que hi falten, sisplau?

Prices and period of time	**Preus i terminis**
How much - is it? - will it be?	Quant - val? - valdrà?
Have you got any special offers?	Tenen alguna oferta?
I would like the offer which is advertised	Voldria l'oferta d'aquest anunci
Are there any discounts for second copies?	Hi ha descomptes per a les segones còpies?
When - will it be ready? - can I come to fetch it?	Quan - estarà? - puc passar a recollir-ho?
I need these photos today	Necessito aquestes fotos per a avui mateix
I would like the express service	Voldria el revelatge urgent
I made the order - yesterday - the day before yesterday - last week.	Vaig fer l'encàrrec - ahir - abans-d'ahir - la setmana passada

acknowledgement of receipt	justificant de recepció
address	adreça
addressee	destinatari destinatària
buy (to)	comprar
collect (to)	recollir
collection	col·lecció
envelope	sobre
express	urgent
fill in (to)	omplir
form	imprès
letter	carta
mail	correu
money order	gir
notice	avís
parcel	paquet

plane	avió
post box	bústia
postage	franqueig
postcard	postal
postcode	codi postal
postman/postwoman	carter cartera
rate	tarifa
receive (to)	rebre
receiver	receptor receptora
refund	reembossament
registered	certificat
seal	precinte
seal (to)	precintar
sell (to)	vendre
send (to)	enviar
sender	remitent
special delivery	tramesa urgent
stamp	segell
telegram	telegrama
weight	pes
weigh (to)	pesar
window	finestreta

Sending and receiving letters or parcels	**Enviar i rebre cartes o paquets**
I want to send	Vull enviar
- a letter by express post	- una carta urgent
- a registered letter	- una carta certificada
- a parcel	- un paquet
- a registered parcel with acknowledgement of receipt	- un certificat amb justificant de recepció
- a telegram	- un telegrama

How long will it take to arrive?	Quants dies tardarà?

I would like to register
  - this parcel
  - this letter
	Voldria certificar
	  - aquest paquet
	  - aquesta carta

I have to send this book	He d'enviar aquest llibre

I would like to send
  - this letter
  - this parcel
    - by air-mail
    - special delivery
	Voldria enviar
	  - aquesta carta
	  - aquest paquet
	    - per avió
	    - per correu urgent

What is
  - the cheapest
  - the safest
  - the quickest
way?
	Quina és la manera
	  - més barata?
	  - més segura?
	  - més ràpida?

I have to send something by express delivery	He de fer una tramesa urgent

Do I have to write the sender's
name
  - on this letter?
  - on this delivery?
  - on this parcel?
	
	  - En aquesta carta,
	  - En aquesta tramesa,
	  - En aquest paquet,
	hi he de posar el nom del
	remitent?

Do I have to seal the envelope?	He de precintar el sobre?
I don't know what the postcode is	No sé el codi postal
Could you please tell me what the postcode is?	Em pot dir el codi postal, sisplau?
I would like to consult the postcode catalogue	Voldria consultar l'índex de codis postals

I am expecting	Espero
- a cash on delivery parcel.	- un reembossament.
- a registered parcel.	- un certificat.
Will you notify me at home?	M'avisaran a casa?

I have received notice that I have a registered parcel	He rebut notificació d'un certificat

I am here to pick up	Vinc a recollir
- a registered parcel	- un certificat
- a parcel	- un paquet
- a registered letter	- una carta certificada

Do I have to bring my passport?	He de portar el passaport?

Do I need any other credentials?	Necessito alguna altra acreditació?

May another person come to fetch	Pot venir una altra persona a recollir
- a registered letter for me?	- una carta certificada?
- a parcel for me?	- un paquet?

Forms / Impresos

Do I have to fill in a form?	He d'omplir algun imprès?

Where are the forms?	On hi ha els impresos?

I would like some	Voldria impresos
- registered mail	- per a correu certificat
- special delivery	- per a correu urgent
- cash on delivery forms	- per a reembossament

Can I take some forms home?	Em puc emportar uns quants impresos a casa?

I can't understand what's written on this form	No entenc què hi diu, en aquest imprès
Could you please help me?	Em pot ajudar, sisplau?
Where it says... - what does that mean? - what do I have to write?	On diu..., - què vol dir? - què hi he de posar?

Buying stamps	**Comprar segells**
Do you have stamps?	Tenen segells?
Where can I buy some stamps, please?	On puc comprar segells, sisplau?
At which window do they sell stamps?	A quina finestreta venen segells?
I want a stamp - for this postcard - for this letter - for this parcel - for this special delivery	Vuil un segell - per a aquesta postal - per a aquesta carta - per a aquest paquet - per a aquesta tramesa urgent
I would like some stamps - for local mail - for national mail - for international mail	Voldria segells per a correu - urbà - interprovincial - internacional
I would like some - 25 cent stamps - 50 cent stamps - 75 cent stamps	Voldria segells - de 25 cèntims - de 50 cèntims - de 75 cèntims
Do you sell collectors' stamps?	Venen segells per a col·leccionistes?

I collect stamps. I would like two of each	Faig col·lecció de segells. En voldria dos exemplars de cada
How much are they?	Quant valen?

Period of time	**Terminis**
How long will it take to be delivered?	Quants dies tardarà a arribar?
When will they receive it?	Quin dia ho rebran?
It is very urgent	És molt urgent
Can I be sure that it will arrive by...?	Em podria assegurar que arribarà el dia...?

Signs	**Rètols**
Stamps for sale	Venda de segells
Forms	Impresos
Registered parcels	Certificats
Parcel collection	Recollida de paquets
Opening hours on working days	Horari de recollida dies laborables
Opening hours for public holidays	Horari de recollida dies festius
Local mail	Correu urbà
National and international mail	Correu provincial i internacional
EU countries	Països UE

agenda	agenda
answer	resposta
answering machine	contestador automàtic
be engaged (to)	comunicar
code	codi
coin	moneda
cut off (to)	tallar
dial (to)	marcar
dialling code	prefix
E-mail	correu electrònic
extension	extensió
fax	fax
hang up (to)	penjar
hold on (to)	esperar
key (to press)	tecla
line	línia
long-distance call	conferència

message	encàrrec, missatge
number	número
operator	telefonista
phone (to)	trucar, telefonar
phone call	trucada
phonecard	targeta
pick up (to)	despenjar
put through (to)	connectar
rate	tarifa
receiver	auricular
reverse charge call	cobrament a destinació
ring	timbre
send (to)	enviar
speak (to)	parlar
telegram	telegrama
telephone directory	guia de telèfons
telephone booth	cabina
telephone	telèfon
timetable	horari
tone	senyal

Asking for a long-distance call	Demanar conferència
I would like to make a long-distance call	Voldria fer una conferència internacional
How can I get a long-distance line?	Com puc aconseguir línia internacional?
What is the dialling code for Germany?	Per trucar a Alemanya, quin prefix he de marcar?

How much does phoning Rome for three minutes cost?	Quant val trucar tres minuts a Roma?
The line is crackling	Fa senyal de comunicar
I can't hear anything	No se sent res
I can't hear properly	No ho sento bé
There's static on the line	Se sent molt malament
We've been cut off	S'ha tallat la comunicació
Is there a night rate?	Hi ha tarifa nocturna?
What rate will I be charged at on public holidays?	Els festius, quina tarifa s'aplica?
Where can I buy some phonecards, please?	On venen targetes, sisplau?
How much does it cost to phone Amsterdam for five minutes at the evening rate?	Quant val trucar cinc minuts a Amsterdam, amb tarifa nocturna?

Fax — **Fax**

I would like to send a fax	Voldria enviar un fax
I want to send this two-sheet fax to my university	Vull enviar aquest fax de dos fulls a la meva universitat
Can I send a fax at the evening rate?	Puc enviar un fax amb tarifa nocturna?

May I give your fax number to receive an answer?	Puc donar el seu número de fax perquè m'enviïn resposta?
What is the dialling code from London?	Des de Londres, quin prefix s'ha de marcar?
My university will send me a fax	La meva universitat m'enviarà un fax
I would like to know if you have received a fax addressed to me	Voldria saber si ha arribat un fax a nom meu
Until what time can I pick up a fax?	Fins a quina hora puc passar a recollir un fax?

Calling and asking for someone	**Trucar i demanar per algú**
Good morning!	Bon dia!

Is
  - Jaume
  - Rosa
at home, please?
	Que hi ha
	  - el Jaume,
	  - la Rosa,
	sisplau?

Could you put me through to
  - Joan,
  - the… Department,
please?
	Amb
	  - el Joan,
	  - el Departament de…,
	sisplau?

What time
  - can I find him/her?
  - will he/she be at home?
  - will he/she come back?
  - can I phone him/her, please?
	A quina hora
	  - el/la puc trobar?
	  - serà a casa?
	  - tornarà?
	  - li puc trucar, sisplau?

Could I give him/her a message?	Podria donar-li un encàrrec?

Please tell him/her - to phone me - I'm going to phone her/him tomorrow - I need to talk to him/her	Digui-li que - em telefoni, sisplau - demà li trucaré - necessito parlar amb ell/ella
How late can I phone?	Fins a quina hora puc trucar?
I will phone later	Ja trucaré més tard

Speaking on the phone — Parlar per telèfon

Hello, - Joan! - Rosa!	Hola, - Joan! - Rosa!
How's everything?	Com va això?
What are you doing?	Què fas?
I would like to see you	Voldria veure't
We should talk	Hauríem de parlar
I need you to help me	Necessito que m'ajudis
Are you very busy?	Tens molta feina?
Why don't you come?	Per què no véns?
Do you want to come?	Vols venir?
What do you think?	Què et sembla?
Drop by for a while	Passa un moment

I will come tomorrow	Passaré demà
Come!	Vine!
I can't believe it!	No m'ho puc creure!
Are you sure?	Vols dir?
That's impossible!	No pot ser!
Of course, it is!	I tant!
I can't	No puc
It's not convenient for me	No em va bé
Will you come?	Vindràs?
Let me think about it	Deixa-m'ho pensar
You're right	Tens raó
I'll be expecting you	T'espero
We could meet	Podríem quedar
What time does it suit you?	A quina hora et va bé?

Would it be better for you
  - this afternoon?
  - tomorrow morning?
	T'aniria bé
	  - aquesta tarda?
	  - demà al matí?

Where shall we meet?	On quedem?

Let's meet
  - at the school
  - on la Rambla
	Quedem
	  - a la facultat
	  - a la Rambla

All right	D'acord
OK	Entesos

I'll ring off now
  - I haven't any
    coins left!
  - My phonecard is
    running out
  - I'm calling from a
    telephone booth
	Penjo,
	  - que no em queden
	    monedes!
	  - que s'acaba
	    la targeta
	  - que sóc en una cabina

See you tomorrow!	Fins demà!
Goodbye!	Adéu!

Answering the phone	**Respondre al telèfon**
Hello?	Digui?
This is... speaking	Digui, digui...
Yes, it's me	Sí, sóc jo
No, he/she is not in	No, no hi és
Who's calling?	De part de qui?
Who wants to talk to him/her?	Qui el demana?

He/She will be here
  - in a while
  - for lunch
  - in the afternoon
  - in the evening
  - for dinner
	Vindrà
	  - d'aquí a una estona
	  - a l'hora de dinar
	  - a mitja tarda
	  - cap al tard
	  - a l'hora de sopar

153

TELEPHONE

He/She is out	És fora
He/She will come back - tomorrow - the day after tomorrow - next week	Tornarà - demà - demà passat - la setmana que ve
He/She doesn't live here any more	Ja no viu aquí
He/She left - a few days ago - one week ago - two months ago	Se n'ha anat - fa pocs dies - fa una setmana - fa dos mesos
Do you want me to give him/her a message?	Vol que li doni algun encàrrec?
Please call back later	Truqui més tard, sisplau
I don't understand you	No l'entenc
Could you repeat that, please?	M'ho pot repetir, sisplau?
Please speak slowly	Parli a poc a poc, sisplau
I'm sorry. Wrong number	Ho sento, s'equivoca

Calling the operator for information	**Trucades a informació**
I would like to know the timetable for - the train to... - the bus to...	Voldria saber l'horari - dels trens a... - dels autobusos a...

Could you please give me the telephone number for - the Catalan Open University - the Catalan Library telephone number?	Em pot donar el número de telèfon de - la Universitat Oberta de Catalunya? - la Biblioteca de Catalunya?
Can I buy theatre tickets over the phone?	Es poden comprar entrades de teatre per telèfon?
Do you know what - the Science Museum - the Miró Foundation opening hours are?	Tenen l'horari - del Museu de la Ciència? - de la Fundació Miró?
What time do the Montjuïc fountains go on?	Quin horari tenen les fonts de Montjuïc?

air pocket	sotrac
brake (to)	frenar
breakdown	avaria
bus	autobús
cable car	telefèric
car	cotxe
card	targeta
carriage (of a train)	cotxe de línia, autocar
change	transbord
charge (to)	cobrar
check in (to)	facturar
claim	reclamació
coach	vagó
conductor	revisor revisora
date	data
daytime	diürn -a

delay	retard
driver	conductor conductora
entrance	entrada
exit	sortida
fare	tarifa
fine	multa
for hire	lliure
funicular	funicular
get off (to)	baixar
get on (to)	pujar
itinerary	itinerari
left luggage office	consigna
line	línia
link	enllaç
luggage	equipatge
map	mapa, plànol
metro	metro
motorbike	moto
night	nocturn
pay (to)	pagar
plane	avió
platform	andana
receipt	rebut
season ticket	abonament
seat	seient
ship	vaixell
start (to)	engegar
station	estació
stationmaster	cap d'estació

stop	parada
stop (to)	parar
suburban	rodalia
suitcase	maleta
taxi	taxi
taximeter	taxímetre
ticket counter	taquilla
ticket	bitllet
timetable	horari
train	tren
underground station entrance	boca de metro
wheelchair	cadira de rodes

Asking for information about transport	**Demanar informació sobre transports**
I would like some information about public transport	Voldria informació sobre transports públics

I would like a
  - city transport
  - suburban transport
guide
	Voldria una guia dels transports
	  - de la ciutat
	  - de rodalia

Please, give me a map
  - of the metro
  - of the city
	Doni'm un plànol
	  - del metro,
	  - de la ciutat,
	sisplau

How can I get to the
  - Bellvitge
  - Vall d'Hebron
  - Pedralbes
campus, please?
	Com puc anar al campus de
	  - Bellvitge?
	  - la Vall d'Hebron?
	  - Pedralbes?

English	Català
What is the quickest way to get to the Olympic Village?	Quina és la manera més ràpida d'anar a la Vila Olímpica?
What bus do I have to take to go to Montjuïc?	Quin autobús he d'agafar per anar a Montjuïc?
What is the most suitable metro line to go to the Palau de la Música?	Quina línia de metro em va més bé per anar al Palau de la Música?
What station do I have to get off at to go to Plaça Sant Jaume?	A quina estació he de baixar per anar a la plaça de Sant Jaume?
Is it very far from here?	És gaire lluny d'aquí?
Is Parc Güell this way?	Vaig bé per anar al parc Güell?
Do I have to change trains to go to Badalona?	Per anar a Badalona, - he de canviar de metro? - he de fer transbord?
Could you please tell me where - the metro station is? - 'Sants' station is? - the bus stop is?	Em pot dir on és - l'estació de metro? - l'estació de Sants? - la parada d'autobús?
Where is the nearest - taxi rank? - metro station?	On és - la parada de taxis? - l'estació de metro més propera?
Are there any night buses?	Hi ha autobusos nocturns?
Where do the night buses depart from?	D'on surten els autobusos nocturns?
What time does the first bus leave?	A quina hora surt el primer autobús?

What time does the last metro go?	A quina hora passa l'últim metro?
What is the tube timetable - on working days? - on public holidays?	Quin és l'horari del metro - els dies de feina? - els dies de festa?

I would like to know
the timetable for
- the train
  to Sitges
- the coach
  to Figueres
	Voldria saber l'horari
	
	- dels trens que van
	  a Sitges
	- dels autocars que van
	  a Figueres

Is the service normal on line 5?	La línia 5 (cinc), funciona amb normalitat?
Is there a breakdown on line 5?	La línia 5 (cinc), està avariada?
Could you tell me what time - the train - the coach leaves?	Em podria dir a quina hora surt - el tren? - l'autocar?
Is the train to Puigcerdà delayed?	El tren de Puigcerdà, porta retard?
How long ago did the bus go by?	Fa estona que ha passat l'autobús?
Shall I have to wait for long?	M'hauré d'esperar gaire?

I would like to know the telephone number for
- RENFE (Spanish railways)
- the Generalitat
  Railway
- the Local Public Transport
  Company
- the Taxi Cooperative
	Voldria saber el telèfon
	
	- de RENFE
	- dels Ferrocarrils de la
	  Generalitat
	- de l'empresa de
	  transports municipals
	- de la Cooperativa del Taxi

161

Buying tickets	**Comprar bitllets**

Where do they sell tickets
for the
- metro?
- bus?
- suburban train?

On venen bitllets
- de metro?
- d'autobús?
- per als trens de rodalia?

What kinds of season tickets
are there?

Quins tipus d'abonaments hi
ha?

Are there any combined
metro and bus cards?

Hi ha targetes combinades de
metro i autobús?

Are there
- daily
- two-day
- one-week
cards?

Hi ha targetes
- d'un dia?
- de dos dies?
- d'una setmana?

Are there
- monthly
- tourist
season tickets?

Hi ha abonaments
- mensuals?
- turístics?

How many journeys can
I make with one card?

Quants viatges es poden fer
amb una targeta?

Can I go on
- the Generalitat
  Railways
- the Montjuïc cable car
- the Tibidabo funicular
- the night buses
with this card?

Amb aquesta targeta puc agafar
- els Ferrocarrils de la
  Generalitat?
- el telefèric de Montjuïc?
- el funicular del Tibidabo?
- els autobusos nocturns?

Where can I buy
- bus tickets?
- cards?
- season tickets?

On es compren
- els bitllets d'autobús?
- les targetes?
- els abonaments?

I would like to buy	Voldria comprar
- a travel card for the bus	- una targeta d'autobús
- a metro ticket	- un bitllet de metro
- a return ticket to Sant Cugat	- un bitllet d'anada i tornada a Sant Cugat

How much is	Quant val
- a single ticket?	- el bitllet senzill?
- a ten-trip travel card?	- la targeta de 10 (deu) viatges?

Taking a taxi	**Agafar un taxi**
I would like to take a taxi	Voldria agafar un taxi
I need a taxi	Necessito un taxi
Is there a taxi rank nearby?	Hi ha alguna parada de taxis per aquí?
Where is the taxi rank, please?	On hi ha una parada de taxis, sisplau?
Can I phone for a taxi?	Puc demanar un taxi per telèfon?
How much is a trip to the airport?	Quant em costaria anar a l'aeroport?
Taxi!	Taxi!
Are you free?	Està lliure?
I would like to go to... street	Vull anar al carrer...

Please take me to	Porti'm a
- the... station	- l'estació de...,
- the... hotel	- l'hotel...,
- the... hospital	- l'hospital...,
- the... travel agency	- l'agència de viatges..., sisplau

PUBLIC TRANSPORT

Show me the town, please	Ensenyi'm la ciutat, sisplau
Please, stop here	Pari aquí, sisplau
Leave me at the corner	Deixi'm a la cantonada
Can you wait for me?	Em pot esperar?
How much is it?	Quant val?
	Quant li dec?
Can you give me a receipt, please	Faci'm un rebut, sisplau

Signs	Rètols
Ticket counter	Taquilla
Tickets	Bitllets
Timetable	Horari
Platform	Andana
Night fare	Tarifa nocturna
Daytime fare	Tarifa diürna
Special fare	Tarifa especial
No smoking	No fumeu, sisplau
Entrance	Entrada
Exit	Sortida

Car park	Aparcament
Keep the entrance/exit clear	Deixeu entrar/sortir
Emergency exit (window)	Finestra de socors
Emergency exit (door)	Porta d'emergència
Please use the other door	Per l'altra porta, sisplau
Closed for holidays	Tancat per vacances
Travelling without a ticket will incur a fine of .... euros	Viatjar sense bitllet està penat amb una multa de... euros
Restricted area	Zona de trànsit restringit
Please close the door	Tanqueu la porta, sisplau
Summer timetable	Horari d'estiu
Season tickets	Abonaments
Information office	Oficina d'atenció al públic
Traffic police	Guàrdia Urbana
Catalan police force	Mossos d'Esquadra
Spanish state police force	Policia Nacional
Litter bin	Paperera

breakfast	esmorzar
biscuits	galetes
bread rubbed with tomato	pa amb tomàquet
butter	mantega
cereals	cereals
cheese	formatge
croissant	croissant
ham	pernil
hard-boiled egg	ou dur
honey	mel
hot chocolate	xocolata desfeta
jam	melmelada
long flat cake	coca
pastry	pasta
roll	panet
saccharin	sacarina

sandwich	entrepà
sausage (generic)	embotit
soft-boiled egg	ou passat per aigua
spiral-shaped pastry	ensaïmada
sugar	sucre
toast	pa torrat
wholemeal bread, whole wheat bread	pa integral
snacks, appetizers	**aperitiu**
anchovies	anxoves
black olives	olives negres
cheese cubes	daus de formatge
chips, crisps	patates fregides
clams	escopinyes
green olives	olives blanques
ham cubes	daus de pernil
peanuts	cacauets
salted almonds	ametlles salades
sautéed potatoes served with a spicy tomato sauce	patates braves
seasoned red sausage tapa	tapa de xoriço
shrimp tapa	tapa de gambes
squid slices fried in batter	tapa de calamars
stuffed olives	olives farcides
toasted almonds	ametlles torrades
beverages	**begudes**
alcohol-free beer	cervesa sense alcohol
beer	cervesa
Catalan champagne	cava
chocolate milk shake	cacaolat

coffee	cafè
decaffeinated coffee	cafè descafeïnat
fruit juice	suc de fruita
herbal tea	infusió
iced (lemon) drink	granissat
lemon tea	te amb llimona
lemonade	llimonada
milk	llet
orangeade	taronjada
orxata (cold tiger nut drink)	orxata
red wine	vi negre
rosé wine	vi rosat
small beer	canya
soft drink	refresc
sparkling mineral water	aigua mineral amb gas
still mineral water	aigua mineral sense gas
vermouth	vermut
white tea	te amb llet
white wine	vi blanc
white coffee, regular coffee	cafè amb llet
first courses	**primers plats**
beans	mongetes
boiled vegetables	verdura
broccoli	bròquil
cannelloni	canelons
cauliflower	coliflor
chickpeas	cigrons
cod salad	esqueixada
ham and melon	meló amb pernil

169

kidney beans	mongetes tendres
legumes	llegums
lentils	llenties
macaroni	macarrons
paella	paella
purée	puré
rice	arròs
salad	amanida
soup	sopa
spaghetti	espagueti
spinach	espinacs
starter	entremès
stew	escudella
stewed noodles	fideus a la cassola
main courses	**segons plats**
braised veal and potatoes	estofat
chicken	pollastre
cod	bacallà
croquettes	croquetes
frankfurter sausage	salsitxa de Frankfurt
fresh fish	peix fresc
fricassee	fricandó
fried egg	ou ferrat
frozen fish	peix congelat
hake	lluç
hamburger	hamburguesa
lamb	be, xai
meat	carn
meatballs	mandonguilles

monkfish	rap
omelette	truita
pizza	pizza
pork	carn de porc
pork loin	llom
pork sausage	botifarra
rabbit	conill
sardines	sardines
sausage	salsitxa
seafood	marisc
slice of meat	tall de carn
sole	llenguado
Spanish omelette	truita amb patates
steak	bistec
veal	vedella
cooking techniques	**maneres de cuinar**
au gratin	gratinat -ada
baked	al forn
boiled	bullit -ida
charcoal-grilled	a la brasa
charcoal broiled	al caliu
coated in breadcrumbs	arrebossat -ada
fried in batter	a la romana
fried	fregit -ida
garlic and parsley sauce	a la marinera
grilled	a la planxa
marinated	en escabetx
pounded garlic, parsley and almond thickener	picada
raw	cru crua

roasted	rostit -ida
salted	salat -ada
sautéed (lightly fried with onion and garlic)	sofregit -ida
scrambled	remenat -ada
seasoned	amanit -ida
smoked	fumat -ada
spicy	picant
steamed	al vapor
stuffed	farcit -ida
sweet	dolç -a
well-done	cuit -a
sauces and side dishes	**salses i acompanyaments**
allioli (oil and garlic sauce)	allioli
béchamel sauce	beixamel
bread	pa
butter	mantega
cocktail sauce	salsa rosa
grated cheese	formatge ratllat
juice	suc
mayonnaise	maionesa
mustard	mostassa
oil	oli
parsley sauce	salsa verda
pepper	pebre
romesco (dried red pepper, garlic and almond sauce)	romesco
salt	sal
tomato sauce	salsa de tomàquet
vinaigrette	vinagreta
vinegar	vinagre

side dishes	guarnicions
artichoke	carxofa
aubergine, eggplant	albergínia
baked red pepper, aubergine and onion	escalivada
boiled rice	arròs blanc
courgette, zucchini	carbassó
chips, french fries	patates fregides
mashed potatoes	puré de patates
mushrooms	xampinyons
mushrooms	bolets
ratatouille	samfaina
red or green pepper	pebrot
vegetables	verdures

desserts	postres
apple	poma
banana	plàtan
cake	pastís
cheese	formatge
chocolate ice cream	gelat de xocolata
crème caramel	flam
curd cheese and honey	mel i mató
custard	crema catalana
fresh fruit, ice cream, and whipped cream	pijama
fruit	fruita
fruit salad	macedònia
fruit yoghurt	iogurt amb fruites
grapes	raïm
jam	melmelada

melon	meló
natural yoghurt	iogurt natural
nuts and dried fruit	músic
orange	taronja
peach	préssec
peaches in syrup	préssec en almívar
pear	pera
pineapple	pinya
strawberries with cream	maduixes amb nata
vanilla ice cream	gelat de vainilla
general vocabulary	**vocabulari general**
be mistaken (to)	equivocar-se
bill	compte
bottle	ampolla
cashier	caixer caixera
chair	cadira
check over (to)	repassar
cold (temperature)	fred -a
cook	cuiner cuinera
cook (to)	coure
corkscrew	tirabuixó
cruet set	setrilleres
cup	tassa
cutlery	coberts
dish	plat
drink (to)	beure
drinking straw	canya
eat (to)	menjar
fork	forquilla
French loaf	barra

glass	got
have breakfast (to)	esmorzar
have dinner (to)	sopar
have lunch (to)	dinar
have tea (to)	berenar
heat up (to)	escalfar
hot	calent -a
ice	gel
knife	ganivet
list	llista
menu	carta
one course set meal	plat combinat
order (to)	demanar
salt	sal
saltcellar, salt shaker	saler
season (to)	amanir
serviette, napkin	tovalló
set menu	menú
spoon	cullera
sugar	sucre
table	taula
tablecloth	estovalles
taste (to)	tastar
teaspoon	cullereta
toast (to)	brindar
toothpick	escuradents
tray	safata
vase	gerro
vegetarian	vegetarià -ana
waiter waitress	cambrer cambrera
wine/champagne glass	copa

At the restaurant	Funcionament del restaurant
Are there - any tickets? - any season tickets? - any cards?	Hi ha - tiquets? - abonaments? - targetes?
Do I have to show my card?	He d'ensenyar el carnet?
Have you a table - for two? - for three? - for four?	Hi ha taula per a - dues persones? - tres persones? - quatre persones?
May we sit here?	Podem seure aquí?
Will I have to wait long?	M'hauré d'esperar gaire estona?
I would like to see the menu, please	Vull veure la carta, sisplau
Is there a special menu today?	Hi ha menú del dia?
Is there - a vegetarian - a salt-free - a diet menu?	Hi ha menú - vegetarià? - sense sal? - de règim?
Could you please let me see the one course set meal menu, please?	Deixi'm veure la llista de plats combinats, sisplau
Where are - the serviettes, napkins? - the plates? - the glasses?	On hi ha - els tovallons? - els plats? - els gots?

Where is the cutlery?	On hi ha els coberts?
Where can I find	On hi ha
- a spoon,	- una cullera,
- a fork,	- una forquilla,
- a knife,	- un ganivet,
- a teaspoon,	- una cullereta,
please?	sisplau?

May I take	Puc agafar
- the salt,	- la sal,
- the cruet set,	- les setrilleres,
- the tray,	- la safata,
please?	sisplau?

Where are	On són
- the toothpicks,	- els escuradents,
- the glasses,	- les copes,
- the beverages,	- les begudes,
please?	sisplau?

Where is	On és
- the bread, please?	- el pa, sisplau?
- the phone?	- el telèfon?

Where are the toilets, please?	On són els lavabos, sisplau?

Ordering food and beverages	**Demanar el menjar i la beguda**
I would like	Voldria prendre
- a coffee	- un cafè
- an ice cream	- un gelat
- a beer	- una cervesa

Do you have	Té
- stuffed olives?	- olives farcides?
- orange juice?	- suc de taronja?
- chips?	- patates fregides?

I want	Vull
- a ham sandwich	- un entrepà de pernil
- a plain omelette	- una truita a la francesa
- a one course set meal	- un plat combinat
- a grilled steak	- un bistec a la planxa

Please I'd like	Faci'm
- some pieces of toast rubbed with tomato	- unes torrades amb tomàquet
- herbal tea	- una infusió
- dish number three	- el plat número tres
- a four-seasons pizza	- una pizza Quatre Estacions

I would like to have	Voldria
- today's special menu	- el menú del dia
- a yoghurt	- un iogurt
- curd cheese and honey	- mel i mató
- a paella	- una paella

Please bring me	Porti'm
- a beer	- una cervesa,
- a salad	- una amanida,
- a bottle of house wine	- una ampolla de vi de la casa,
- some more bread	- més pa,
	sisplau

What	Què hi ha de
- fruit	- fruita?
- dessert	- postres?
- vegetables	- verdura?
- fish	- peix?
do you have?	

I would like to have	M'agradaria tastar
- the tiger nut drink	- l'orxata
- the pork sausage	- la botifarra
- the lentils	- les llenties
- a fried egg	- un ou ferrat

What do you recommend?	Què em recomana?
What's today's special?	Avui, què hi ha?
What do you recommend today?	Avui, què m'aconsella?
Please let me see the menu	Deixi'm veure la carta, sisplau

What is	Què és
- allioli?	- l'allioli?
- samfaina?	- la samfaina?

What does	Què vol dir
- *escalivada*	- *escalivada*?
- *romesco*	- *romesco*?
mean?	

I like	M'agrada
- my steak rare	- el bistec poc cuit
- cheese in thin slices	- el formatge ben prim
- cold milk	- la llet freda
- very hot soup	- la sopa molt calenta
- quite thin slices of bread	- el pa no gaire gruixut

Could you please wrap up	Em pot embolicar
- this pastry?	- aquesta pasta?
- this sandwich?	- l'entrepà?
I want to take it away with me	Me l'emportaré

Could you please change this meal?	Em pot canviar aquest plat?

Could you heat up this meal?	Em pot escalfar aquest plat?

This is not what I ordered	Això no és el que havia demanat

179

This food	Aquest menjar
- is not good	- no és bo
- is too salty	- és massa salat
- is too spicy	- és massa picant

Talking to other people at the table	**Parlar amb companys i companyes de taula**
Could you please pass	Passa'm
- the salt?	- la sal,
- the bread?	- el pa,
	sisplau
Do you want	Vols
- some water?	- aigua?
- a dessert?	- postres?
Could you pour me just a little	Posa'm una mica més
- wine,	- de vi,
- water,	- d'aigua,
please?	sisplau
Please could you pass	Deixa'm
- the toothpicks?	- els escuradents,
- the cruet set?	- les setrilleres,
- the bottle?	- l'ampolla,
	sisplau
Do you want to taste...?	Vols tastar...?
It's delicious!	És boníssim/boníssima!
I am very hungry	Tinc molta gana
I am not very hungry	No tinc gaire gana
Have you finished?	Ja estàs?
Enjoy your meal!	Bon profit!

Enjoy your meal!	Que vagi de gust!
Shall we drink a toast?	Brindem?

Paying	**Pagar**
The bill, please	El compte, sisplau
How much is it?	Quant val?
Where is the till?	On és la caixa?
May I pay by card?	Puc pagar amb targeta?
Can you give me the receipt?	Em pot donar el tiquet de caixa?
You've given me too much change	Em torna canvi de més
The change is not correct	El canvi no està bé
I think you have made a mistake with this bill	Em sembla que s'ha equivocat
Could you please check the bill?	Pot repassar el compte, sisplau?
This bottle of wine is not mine	Aquesta ampolla de vi no és meva
This is not my bill	Aquest compte no és el meu
I have ordered...	Jo he demanat...
Here it says...	Aquí hi diu...

arrange to meet (to)	quedar
bar	bar
beach	platja
call (to)	trucar
celebrate (to)	celebrar
cinema	cinema
coffee	cafè
concert	concert
dance (to)	ballar
exhibition	exposició
fall in love (to)	enamorar-se
football	futbol
friend	amic amiga
give a present (to)	regalar
go for a walk (to)	passejar

English	Catalan
go out (to)	sortir
group of friends	colla
gym	gimnàs
have breakfast (to)	esmorzar
have lunch (to)	dinar
have supper (to)	sopar
have tea (to)	berenar
hiking	excursionisme
know (to)	conèixer
love (to)	estimar
meet (to)	trobar-se
museum	museu
music	música
music bar	bar musical
night-club	discoteca
pizzeria	pizzeria
play (to)	jugar
race	cursa
restaurant	restaurant
sandwich	entrepà
sport	esport
study (to)	estudiar
swimming pool	piscina
talk (to)	parlar
talk to (to)	dir-se
theatre	teatre
ticket	entrada
trip	excursió
work (to)	treballar

Establishing new relationships	Relacionar-se amb els companys i les companyes
Hello!	Hola!
Good morning	Bon dia
Good afternoon	Bona tarda
Good evening/night	Bona nit
What is your name?	Com et dius?
My name is - Antoni - Antònia	Em dic - Antoni - Antònia
How are you?	Com estàs?
Where are you from?	D'on ets?
I am - from France - from Germany	Sóc - de França - d'Alemanya
I am - Italian - Swedish	Sóc - italià/italiana - suec/sueca
How long have you been - in Barcelona? - in Lleida?	Quant fa que ets - a Barcelona? - a Lleida?
Where do you live?	On vius?
I live - in Girona - in Granollers	Visc a - Girona - Granollers

I live	Visc
- in Carrer Muntaner	- al carrer Muntaner
- in Plaça Joanic	- a la plaça Joanic

What are you studying?	Què estudies?

I study	Estudio
- Maths	- Matemàtiques
- in the Faculty of Philology	- a la Facultat de Filologia

What year are you in?	Quin curs fas?

I'm in	Faig
- my third year	- tercer curs
- my fourth year	- quart curs

I'm doing my thesis	Faig el projecte

Will you be in Barcelona for long?	T'estaràs molt temps a Barcelona?

Could we meet in class?	Podríem trobar-nos a classe?

How are you doing in class?	Et van bé les classes?

I find the language a bit difficult	Em costa una mica l'idioma

Please could you lend me your notes?	Podries deixar-me els apunts, sisplau?

May I photocopy your notes?	Podré fotocopiar els teus apunts?

Do you have a telephone?	Tens telèfon?

My telephone number is...	El meu telèfon és el...

I will call you	Et trucaré
- this morning	- aquest matí
- at midday	- aquest migdia
- this afternoon	- aquesta tarda
- this evening	- aquest vespre
- tonight	- aquesta nit

Call me	Truca'm

Do not phone me	No truquis
- very late	- gaire tard
- very early	- gaire d'hora

Do you know any more people in Barcelona?	Coneixes algú més, a Barcelona?

I do not know anybody else in Barcelona	No conec ningú més a Barcelona

Do you want to meet tomorrow?	Vols que ens trobem demà?

We could have lunch or go for a walk...	Podem dinar o passejar...

What time do you	A quina hora
- have breakfast?	- esmorzes?
- have lunch?	- dines?
- have tea?	- berenes?
- have dinner?	- sopes?

I have breakfast at 8	Esmorzo a les 8 (vuit)

I have lunch at 12	Dino a les 12 (dotze)

I have tea at 5	Bereno a les 5 (cinc)

I have dinner at 9	Sopo a les 9 (nou)

What time would you like to have lunch?	A quina hora voldràs dinar?

I want to have lunch at 12	Vull dinar a les 12 (dotze)
It's very - early! - late!	És molt - d'hora! - tard!
Where do you work?	On treballes?
What do you do?	Quina feina fas?
Do you go out - at night? - in the evening? - on weekends?	Surts - alguna nit? - algun vespre? - algun cap de setmana?
Do you feel like going out one night?	Vols sortir algun vespre?
I would like to go - with you - with your group of friends	M'agradaria venir - amb tu - amb la teva colla
We'll arrange to meet	Ja quedarem
Do you like - music? - the cinema? - the theatre? - football? - hiking? - going to the beach?	T'agrada - la música? - el cinema? - el teatre? - el futbol? - l'excursionisme? - la platja?
What kind of music do you like?	Quin tipus de música t'agrada?
What kind of films do you prefer?	Quines pel·lícules prefereixes?

Do you play any sport?	Practiques algun esport?

Do you go
  - to the gym?
  - to the swimming pool?
	Vas
	  - al gimnàs?
	  - a la piscina?

- What sport
  - What sports
do you do?
	- Quin esport
	  - Quins esports
	practiques?

What do you do on weekends?	Què fas els caps de setmana?

What do you do in summer?	Què fas els estius?

Do you like to travel?	T'agrada viatjar?

Have you ever been
  - to Italy?
  - to Germany?
  - to France?
	Has estat mai
	  - a Itàlia?
	  - a Alemanya?
	  - a França?

What countries have you been to?	Quins països coneixes?

What cities have you been to?	Quines ciutats coneixes?

Will we see each other again?	Ens tornarem a veure?

Goodbye!	Adéu!

See you soon!	Fins aviat!

See you tomorrow!	Fins demà!

So long!	A reveure!

Suggesting leisure activities	Suggerir activitats de lleure
We could go - to have a cup of coffee - for a drink - to have a sandwich - to have an ice cream - to a restaurant	Podríem anar - a fer un cafè - a fer una copa - a fer un entrepà - a fer un gelat - a algun restaurant
Why don't we go - to the cinema? - to the theatre? - to the discotheque? - to a football match?	Per què no anem - al cine? - al teatre? - a la discoteca? - al futbol?
I feel like - going for a walk - going to the beach - going shopping	Tinc ganes - d'anar a passejar - d'anar a la platja - d'anar a comprar
I would like - to go out on the town - to go to the port - to go out of the city - to go on a trip - to go to Port Aventura - to be able to see Barça - to travel through the Pyrenees - to run the marathon	M'agradaria - sortir de marxa - anar al port - sortir fora de la ciutat - fer alguna excursió - anar a Port Aventura - poder veure el Barça - fer una ruta pel Pirineu - córrer la marató
What bars are trendy?	Quins bars estan de moda?
Do you know - any bars with live music? - any bars with entertainment?	Coneixeu algun bar on hi hagi - música en directe? - actuacions?
Are there any - gay - lesbian nightclubs?	Hi ha algun local - d'ambient gai? - d'ambient lèsbic?

What restaurants are there in this neighbourhood?	Quins restaurants hi ha en aquest barri?
Are there any restaurants with Catalan food?	Hi ha algun restaurant de cuina catalana?
Where can I find a cheap restaurant?	On es pot menjar bé de preu?
In which cinema is the film... being shown?	A quin cine fan la pel·lícula...?
Where can we find information - about shows? - about concerts?	On podem trobar informació - sobre espectacles? - sobre concerts?
Where can I buy some tickets - for the theatre? - for the... concert?	On es compren les entrades - per al teatre? - per al concert de...?

Wishing somebody a happy Saint's day or Birthday

Felicitar pel sant o per l'aniversari

Happy Birthday!	Per molts anys!
Happy Saint's day!	Felicitats! Moltes felicitats!
I have brought you a present	T'he portat un regal
Did you enjoy - your Saint's day? - your Birthday?	Com has passat el dia del - teu sant? - teu aniversari?
Did you get any presents?	T'han fet regals?
What did you get?	Què t'han regalat?

How did you celebrate	Com has celebrat
- your Saint's day?	- el sant
- your Birthday?	- l'aniversari?

Chatting up	**Lligar**
You are wearing	Portes
- a very beautiful	- una camisa
- a very elegant	- una brusa
- a very original	- una samarreta
	- una faldilla
- shirt	- molt bonica
- blouse	- molt elegant
- T-shirt	- molt original
- skirt	

	Et queda molt bé
- This hairstyle	- aquest pentinat
- This coat	- aquest abric
- This jacket	- aquesta jaqueta
really suits you	

	Et queden molt bé
- These earrings	- aquestes arracades
- These trousers	- aquests pantalons
- These glasses	- aquestes ulleres
really suit you	

You speak	Parles molt bé
- English	- l'anglès
- Italian	- l'italià
- German	- l'alemany
- Catalan	- el català
very well	

You have very beautiful eyes	Tens uns ulls molt bonics

Do you want to dance with me?	Vols ballar amb mi?
I like you (very much)	M'agrades (molt)
You're - very kind - very nice - very funny - very attractive - very affectionate - very intelligent	Ets - molt amable - molt simpàtic/simpàtica - molt divertit/divertida - molt atractiu/atractiva - molt afectuós/afectuosa - molt intel·ligent
I feel very good with you	Estic molt bé amb tu
I really have a good time when I am with you	M'ho passo molt bé quan estic amb tu
I like it when you tell me things	M'agrada que m'expliquis coses
I am happy to be here	Estic - content - contenta d'estar aquí
You and I always agree	Tu i jo sempre estem d'acord en tot
We could meet some other time	Ens podríem tornar a veure
We should meet more often	Ens hauríem de veure més sovint
I am falling in love with you	M'estic enamorant de tu

I am in love with you	Estic
	  - enamorat
	  - enamorada
	de tu

Shall we go
  - to a quieter place?
  - to my place?
  - to your place?
	Vols que anem
	  - a un lloc més tranquil?
	  - a casa meva?
	  - a casa teva?

I love you	T'estimo

Buying tickets	**Comprar entrades**
I would like two tickets for the… show	Voldria dues entrades per a la sessió de…
Are there any tickets left for tomorrow?	Per demà, queden entrades?

I want three tickets
  - for the stalls
  - for the first floor
  - for the box
I want three standing-room tickets
	Vull tres entrades
	  - a platea
	  - al primer pis
	  - en una llotja
	  - de pista

How much are they?	Quin preu tenen?
Where do I go to collect the tickets?	Les entrades, on les he de recollir?
Until when can I come to pick up my tickets?	Fins a quina hora puc passar a recollir les entrades?

Leisure activities at the university	Activitats de lleure de la Universitat
I would like to have some information on the AEGEE (European General Studies Association) activities	Volia informació de les activitats de l'AEGEE (Associació d'Estudis Generals dels Estats d'Europa)

Does the association organize
 - sports activities?
 - cultural activities?
 - guided tours of the city?
 - evening outings to shows?

L'associació organitza
 - activitats esportives?
 - activitats culturals?
 - visites a la ciutat?
 - anades a espectacles?

Do you have
 - today's
 - this week's
 - this month's
activity calendar?

Tenen un calendari de les activitats
 - d'avui?
 - d'aquesta setmana?
 - d'aquest mes?

When is
 - the sports weekend?
 - the cultural sightseeing tour?
 - the evening outing?

En quines dates hi ha
 - cap de setmana esportiu?
 - recorregut cultural?
 - sortida nocturna?

When is
 - the welcoming party?
 - the farewell party?

Quin dia és la festa
 - de benvinguda?
 - de comiat?

Where is the meeting point?

On és el punt de trobada?

What time are we meeting?

A quina hora ens trobem?

What time does the Gaudí tour begin?

A quina hora comença el recorregut de Gaudí?

What time do the parties finish on Saturdays?	A quina hora acaben les festes del dissabte?
How long does the evening outing take?	Quant dura la sortida nocturna?
I want to visit the Olympic Village and Montjuïc	Vull veure la Vila Olímpica i Montjuïc
How much are the activities?	Les activitats, quin preu tenen?
Are there any discounts or grants?	Hi ha descomptes o beques?
Do you rent fancy dress costumes?	Hi ha lloguer de disfresses?
Where does the party take place?	On se celebra la festa?
Will there be group transport to go to...?	Hi haurà transport col·lectiu per anar a...?
Is there any way to share transport?	Hi ha transport compartit?

Where do the coaches
  - to Sitges
  - to la Molina
leave from?
	D'on surten els cotxes cap a
	  - Sitges?
	  - la Molina?

Where can I catch a train to...?	On s'agafen els trens cap a...?
How can I come back from Sitges?	Per tornar de Sitges, com es fa?

pantalons

brusa

mocador

mitjons

samarreta

faldilla

jaqueta

calçotets

corbata

camisa

advertise (to)	anunciar
advertisement	anunci
advertising leaflets	propaganda
buy (to)	comprar
change (to)	canviar
drawing pin, thumbtack	xinxeta
for sale	en venda
listings	cartellera
notice board	tauler d'anuncis
purchase	compra
rent (to)	llogar
sell (to)	vendre
sign	cartell

ADVERTISEMENTS

Placing an advertisement	Posar un anunci
Very central room to rent. Kitchen facilities. I'm Vegetarian. Phone number… from 8 p. m. to 10 p.m. Ask for David.	Llogo una habitació cèntrica amb dret a cuina. Sóc vegetarià. Telefoneu al vespre, de 8 a 10, al número… Demaneu pel David.
I am looking for a furnished flat to share with a non-smoker. Easily accessible. I pay well. Phone number… any time.	Busco pis moblat per compartir amb persona no fumadora. Que estigui ben comunicat. Pago bé. Tel… a qualsevol hora.
Interested in buying 2nd-year Law manuals. Up-dated editions. I'll pay a good price. Contact number… from 2 p. m. to 3 p. m. Ask for Jaume.	Compro manuals de 2n de Dret. Edicions actuals. Pago bé. Contacteu amb el… de 2 a 3 del migdia. Demaneu pel Jaume.
New hi-fi unit for sale. I can't take it with me. Phone… if you are interested. From 9 a. m. to 10 a. m. Very good price.	Venc una cadena musical. És nova i no me la puc emportar. Interessats truqueu al telèfon… de 9 a 10 del matí. Preu molt interessant.
I buy second-hand clothes. Size 30. Shoes: 6 1/2 (USA), 5 (UK). Casual wear. Clothes must be reasonably priced. Leave your message here, on the notice board. Eric	Compro roba de segona mà. Talla 40. Sabates, el 38. Estil esportiu. Que estigui molt bé de preu! Deixa'm el missatge aquí, a la cartellera. Eric
Experienced native English teacher. Economical. Call number…	Faig classes d'anglès. Hi tinc molta experiència. Sóc nativa. Preus econòmics. Truca'm al telèfon…

Italian-Catalan conversation exchange needed. One or two days per week. You will find me in the school bar every day from 3 p. m. to 4 p. m. I'll be wearing a yellow sweater. My name is Francesco.

M'agradaria fer intercanvi de conversa italià-català. Un o dos dies la setmana. Em localitzaràs al bar de la facultat, cada dia, de 3 a 4. Porto un jersei groc. Em dic Francesco.

Plane ticket to Berlin available. Departure date cannot be changed: February 13th. Very reasonably priced. Those interested can phone...

Tinc un bitllet d'avió per anar a Berlín. Data fixa, 13 de febrer. A qui el vulgui aprofitar, li faré bon preu. Telèfon...

Car share needed. We could share driving expenses to the university. Morning timetable. Marie. Phone number...

Busco cotxe per compartir trajectes a la universitat. Tinc horari de matí. Marie, telèfon...

Phonecard swap. Cards from all around the world. If you have two of the same, call me. Telephone:...

Intercanvio targetes de telèfon. En tinc de tot el món. Si en tens de repetides, truca'm. Telèfon...

times of the day	**parts del dia**
day	el dia
morning	el matí
midday	el migdia
afternoon	la tarda
evening	el vespre
night	la nit
early morning	la matinada

days of the week	**dies de la setmana**
Monday	dilluns
Tuesday	dimarts
Wednesday	dimecres
Thursday	dijous
Friday	divendres
Saturday	dissabte
Sunday	diumenge

months of the year	**mesos de l'any**
January	gener
February	febrer
March	març
April	abril
May	maig
June	juny
July	juliol
August	agost
September	setembre
October	octubre
November	novembre
December	desembre

seasons of the year	estacions de l'any
spring	primavera
summer	estiu
autumn	tardor
winter	hivern

Expressions of time	Expressions temporals
When?	Quan?
Today	Avui
Tomorrow	Demà
Yesterday	Ahir
The day after tomorrow	Demà passat
The day before yesterday	Abans-d'ahir
The next day	L'endemà
Now	Ara
Before	Abans
Eleven o'clock	Les onze
By eleven	Cap a les onze
Later	Després
Often	Sovint

Early	Aviat
Soon	D'hora
Late	Tard
Never	Mai
Always	Sempre
Then	Aleshores
Then	Llavors
From time to time	De tant en tant
Immediately	De seguida
In a while	D'aquí a una estona
In a month	D'aquí a un mes
In a year	D'aquí a un any
Next year	L'any que ve
Last year	L'any passat
At the beginning of the month	A començament de mes
The middle of September	A mig setembre
At the end of October	Al final d'octubre

The time	L'hora
One hour	Una hora
One minute	Un minut
One second	Un segon
One o'clock, two o'clock, three o'clock… twelve o'clock	La una, les dues, les tres… les dotze
Two o'clock on the dot	Les dues en punt
A quarter past two	Un quart de tres
Half past two	Dos quarts de tres
A quarter to three	Tres quarts de tres
Three o'clock	Les tres / Les tres en punt

Telling the time	Preguntar l'hora
What time is it?	Quina hora és?
It's - eight o'clock - half past eight	Són - les vuit - dos quarts de nou
It's a quarter past nine	És un quart de deu
What time - do I have to come? - is he coming? - are you coming?	A quina hora - he de venir? - vindrà? - vindràs?

Asking about opening times	Preguntar l'horari
What time do you open, please?	A quina hora obren, sisplau?

Could you please tell me
  - the advisor's
  - the secretary's
 	
  - the librarian's
 	
  - the tutor's
  - the director's
 	
timetable?
	Em pot dir l'horari
	  - de l'assessor / assessora,
	  - del secretari / de la
	    secretària,
	  - del bibliotecari / de la
	    bibliotecària,
	  - del tutor / de la tutora,
	  - del director / de la
	    directora,
	sisplau?

What are the business hours
  - of this bank?
  - of this branch?
	Quin és l'horari
	  - d'aquest banc?
	  - d'aquesta agència?

What are the opening hours
  - of the computing
    classroom?
  - of the self-study
    language centre?
  - of the library?
	Quin és l'horari
	  - de l'aula
	    d'informàtica?
	  - del centre
	    d'autoaprenentatge?
	  - de la biblioteca?

What time are you open to the public, please?	A partir de quina hora atenen el públic, sisplau?

What time do you open
  - on working days?
  - on public holidays?
  - on weekends?
	A quina hora obren
	  - els dies de feina?
	  - els dies de festa?
	  - els caps de setmana?

What is your timetable for holidays?	Quin horari fan, per vacances?

Are you open
  - on weekends?
  - on public holidays?
	Obren
	  - els caps de setmana?
	  - els dies de festa?

Are you open	
- on weekends?	- El cap de setmana,
- on Saturdays?	- El dissabte,
- on Sundays?	- El diumenge,
	tenen obert?

Are you open	
- over Christmas?	- Per les vacances de Nadal,
- over Easter?	- Per les vacances de Setmana Santa,
- in summer?	- A l'estiu,
- in July?	- Al juliol,
- in August?	- A l'agost,
	està obert?

Up until what time can	Fins a quina hora es poden fer
- deposits be made?	- ingressos?
- payments be made?	- pagaments?
- refunds be made?	- devolucions?
- loans be made?	- préstecs?

When do you close?	A quina hora tanquen?

When does	A quina hora tanquen
- the secretariat	- a la secretaria?
- the school	- a la facultat?
- the centre	- al centre?
close?	

When will you be closed for holidays?	Quins dies fan vacances?

How long are the summer holidays?	Quant duren les vacances d'estiu?

ALPHABET		
A	a	a
B	b	be
C	c	ce
D	d	de
E	e	e
F	f	efa
G	g	ge
H	h	hac
I	i	i
J	j	jota
K	k	ca
L	l	ela
M	m	ema
N	n	ena
O	o	o
P	p	pe
Q	q	cu
R	r	erra
S	s	essa
T	t	te
U	u	u
V	v	ve baixa
W	w	ve doble
X	x	ics
Y	y	i grega
Z	z	zeta

ena

SPELLING AND SOUND CORRESPONDENCE			
VOWELS			
EXAMPLE	POSITION	SOUND	ENGLISH SOUND
p**a**	Stressed syllable	[a]	s**a**t, b**a**d
dem**à**	Stressed syllable	[a]	s**a**t, b**a**d
don**a**	Unstressed syllable	[ə]	**e**lement, inf**a**nt
hom**e**	Unstressed syllable	[ə]	**e**lement, inf**a**nt
tr**e**n	Stressed syllable	[ɛ]	s**ai**d, r**e**d
tel**è**fon	Stressed syllable	[ɛ]	s**ai**d, r**e**d
m**e**u	Stressed syllable	[e]	th**e**re, p**ea**r
m**é**s	Stressed syllable	[e]	th**e**re, p**ea**r
m**i**l		[i]	th**ie**f, s**ee**
no**i**a	between vowels	[j]	**y**es, **Y**ork
n**o**u	Stressed syllable	[ɔ]	c**o**ffe, sh**o**ne
arr**ò**s	Stressed syllable	[ɔ]	c**o**ffe, sh**o**ne
d**o**s	Stressed syllable	[o]	f**ou**r, m**o**re
cami**ó**	Stressed syllable	[o]	f**ou**r, m**o**re
pens**o**	Unstressed syllable	[u]	f**oo**l, m**oo**n
ungla		[u]	f**oo**l, m**oo**n
ca**u**en	between vowels	[w]	**w**ithout
CONSONANTS			
barca		[b]	**b**eer, **b**oth
tu**b**	end of word	[p]	ti**p**, **p**late
casa	ca, co, cu	[k]	**c**ar, **k**idnap
lla**c**	end of word	[k]	**c**ar, **k**idnap
cel	ce, ci	[s]	**s**afe, ob**s**cure
ac**c**ió		[ks]	a**cc**ent
ca**ç**ar	ça, ço, çu	[s]	**s**afe, ob**s**cure
lla**ç**	end of word	[s]	**s**afe, ob**s**cure
dit		[d]	**d**warf
fre**d**	end of word	[t]	fla**t**
foc		[f]	**f**ine
gat	ga, go, gu	[g]	**g**ive, **g**love
psicòle**g**	end of word	[k]	**c**ar, **k**idnap
bo**ig**	end of word digraph	[tʃ]	ca**tch**
gerro	ge, gi	[ʒ]	vi**s**ion
guerra	gue, gui	[g]	**g**ive, **g**love
ai**gü**es	güe, güi	[gw]	**Gw**endoline

EXAMPLE	POSITION	SOUND	ENGLISH SOUND
hora	always silent	[ ]	
jugar		[ʒ]	vision
Kafka		[k]	**c**ar, **k**idnap
làser		[l]	**l**ong
col·**l**egi		[l]	paral**l**el
llapis		[ʎ]	similar to mi**lli**on
moble		[m]	**m**usic
noia		[n]	**n**ever
ca**ny**a	digraph	[ɲ]	similar to o**ni**on
pare		[p]	**p**late
quatre		[kw]	**qu**iet
quilo	que, qui	[k]	**c**ar, **k**idnap
qüestió	qüe, qüi	[kw]	**qu**iet
rosa	beginning of word	[rr]	strongly trilled r
ca**r**a	between vowels	[r]	trilled r
en**r**ere	after consonant	[rr]	strongly trilled r
ca**rr**er	between vowels	[rr]	strongly trilled r
ana**r**	often silent	[ ]	
sol	beginning of word	[s]	**s**afe, ob**sc**ure
pen**s**ar	after consonant	[s]	**s**afe, ob**sc**ure
co**s**a	between vowels	[z]	pre**s**erve
pa**ss**ar	between vowels	[s]	**s**afe, ob**sc**ure
taula		[t]	**t**able
cen**t**	silent	[ ]	
mol**t**	silent	[ ]	
vida		[b]	**b**eer
Wagner		[b]	**b**eer
whisky		[w]	**w**hisky
xicot	at the beginning	[ʃ]	ca**sh**ier
cai**x**a	digraph	[ʃ]	ca**sh**ier
cot**x**e		[tʃ]	ca**tch**
ta**x**i		[ks]	a**cc**ent
e**x**amen		[gz]	e**x**am
York		[j]	**y**es, **Y**ork
ca**ny**a	digraph	[ɲ]	similar to o**ni**on
zero		[z]	pre**s**erve

213

	THE DEFINITE ARTICLE		THE INDEFINITE ARTICLE	
Masculine singular	*el*	the	*un*	a
Before a vowel or h	*l'*	the		
Feminine singular	*la*	the	*una*	a
Before a vowel or h	*l'*	the		
Masculine plural	*els*	the	*uns*	some
Feminine plural	*les*	the	*unes*	some

DEMONSTRATIVE ADJECTIVES AND PRONOUNS		
Near	*aquest, aquesta, aquests, aquestes, això*	this, these, this
Far	*aquell, aquella, aquells, aquelles, allò*	that, those, that

THE POSSESSIVE ADJECTIVES AND PRONOUNS		
One owner	*el meu, la meva, els meus, les meves, el teu, la teva, els teus, les teves, el seu, la seva, els seus, les seves*	my/mine, your/yours, its, his, her/hers
More than one owner	*el nostre, la nostra, els nostres, les nostres, el vostre, la vostra, els vostres, les vostres, el seu, la seva, els seus, les seves*	our/ours, your/yours, their/theirs

QUANTITATIVE ADJECTIVES		
Invariable	*massa*	too
	força	many or very
	prou	enough
	més	more
	menys	less
Variable	*quant, quanta, quants, quantes*	how much, how many
	tant, tanta, tants, tantes	so much, so many
	molt, molta, molts, moltes	many, much
	poc, poca, pocs, poques	few
	bastant, bastants	plenty of
	gaire, gaires	not so many, not so much

INDEFINITE ADJECTIVES			
Before a noun		*algun, alguna, alguns, algunes, cada*	some, any
		cada un, cada una *cadascun, cadascuna*	each, every
		tot, tota, tots, totes	all
		altre, altra, altres	another
		tal, tals	such
		qualsevol, qualssevol	any
		mateix, mateixa, mateixos, mateixes	same
		cert, certa, certs, certes	some, a certain
Pronouns	Referring to people	*algú*	someone
		ningú	nobody
		cadascú	each of us, you…,
		tothom	everybody
	Referring to objects	*alguna cosa*	something
		res	nothing
		tot	everything

INTERROGATIVE PARTICLES			
Before a noun		*quin, quina, quins, quines*	what/which
Pronouns	Referring to people	*qui*	who
	Referring to people	*què*	which

NUMBERS

1	*u (un, una)*	15	*quinze*	45	*quaranta-cinc*
2	*dos, dues*	16	*setze*	50	*cinquanta*
3	*tres*	17	*disset*	60	*seixanta*
4	*quatre*	18	*divuit*	70	*setanta*
5	*cinc*	19	*dinou*	80	*vuitanta*
6	*sis*	20	*vint*	90	*noranta*
7	*set*	21	*vint-i-u*	100	*cent*
8	*vuit*	22	*vint-i-dos*	107	*cent set*
9	*nou*	23	*vint-i-tres*	128	*cent vint-i-vuit*
10	*deu*	30	*trenta*	176	*cent setanta-sis*
11	*onze*	31	*trenta-u*	259	*dos-cents cinquanta-nou*
12	*dotze*	34	*trenta-quatre*	298	*dos-cents noranta-vuit*
13	*tretze*	39	*trenta-nou*	733	*set-cents trenta-tres*
14	*catorze*	40	*quaranta*	821	*vuit-cents vint-i-u*

1.000	*mil*
1.974	*mil nou-cents setanta-quatre*
4.000	*quatre mil*
17.363	*disset mil tres-cents seixanta-tres*
28.616	*vint-i-vuit mil sis-cents setze*
52.040	*cinquanta-dos mil quaranta*
100.000	*cent mil*
200.000	*dos-cents mil*
1.000.000	*un milió*
14.000.000	*catorze milions*

ORDINAL NUMBERS

primer, primera	1r 1a		*setè, setena*	7è 7a
segon, segona	2n 2a		*vuitè, vuitena*	8è 8a
tercer, tercera	3r 3a		*novè, novena*	9è 9a
quart, quarta	4t 4a		*desè, desena*	10è 10a
cinquè, cinquena	5è 5a		*onzè, onzena*	11è 11a
sisè, sisena	6è 6a		*dotzè, dotzena*	12è 12a

NOUN AND ADJECTIVE NUMBERS

Plural is made by adding the following suffixes to a singular form

- *-s* *pare, pares; petit, petits* (father, parents; little)
- *-es* *casa, cases; alta, altes* (house, houses; tall)
- *-os* *disc, discos; anglès, anglesos* (disk, disks; English)
- *-ns* *germà, germans; català, catalans* (brother, brothers; Catalan)

Adjectives are placed after nouns

Example: *una casa blanca* (a white house)

Adjectives agree with nouns in gender and number

Example: *un amic italià / una amiga italiana* (an Italian friend)
uns amics italians / unes amigues italianes (some Italian friends)

PERSONAL PRONOUNS			
First person	singular	*jo*	I
	plural	*nosaltres*	we
Second person	singular	*tu*	you
	plural	*vosaltres*	you
Third person	singular	*ell, ella, vostè*	he, she, you (courtesy form)
	plural	*ells, elles, vostès*	they, you (courtesy form)

| VERBS | | | |

FIRST CONJUGATION MODEL

INFINITIVE	PRESENT TENSE	GERUND	PARTICIPLE
trobar	*trobo*	*trobant*	*trobat*
(to find)	*trobes*		
	troba		
	trobem		
	trobeu		
	troben		

SECOND CONJUGATION MODEL

INFINITIVE	PRESENT TENSE	GERUND	PARTICIPLE
perdre	*perdo*	*perdent*	*perdut*
(to lose)	*perds*		
	perd		
	perdem		
	perdeu		
	perden		

INFINITIVE	PRESENT TENSE	GERUND	PARTICIPLE
prendre	*prenc*	*prenent*	*pres*
(to take)	*prens*		
	pren		
	prenem		
	preneu		
	prenen		

THIRD CONJUGATION MODEL

INFINITIVE	PRESENT TENSE	GERUND	PARTICIPLE
dormir	*dormo*	*dormint*	*dormit*
(to sleep)	*dorms*		
	dorm		
	dormim		
	dormiu		
	dormen		

INFINITIVE	PRESENT TENSE	GERUND	PARTICIPLE
servir	*serveixo*	*servint*	*servit*
(to serve)	*serveixes*		
	serveix		
	servim		
	serviu		
	serveixen		

IRREGULAR VERBS

INFINITIVE	PRESENT TENSE	GERUND	PARTICIPLE
anar (to go)	*vaig* *vas* *va* *anem* *aneu* *van*	*anant*	*anat*
INFINITIVE	PRESENT TENSE	GERUND	PARTICIPLE
estar (to be)	*estic* *estàs* *està* *estem* *esteu* *estan*	*estant*	*estat*
INFINITIVE	PRESENT TENSE	GERUND	PARTICIPLE
ser (to be)	*sóc* *ets* *és* *som* *sou* *són*	*sent*	*estat*
INFINITIVE	PRESENT TENSE	GERUND	PARTICIPLE
haver (to have)	*he* *has* *ha* *hem* *heu* *han*	*havent*	*hagut*
INFINITIVE	PRESENT TENSE	GERUND	PARTICIPLE
poder (can)	*puc* *pots* *pot* *podem* *podeu* *poden*	*podent*	*pogut*
INFINITIVE	PRESENT TENSE	GERUND	PARTICIPLE
voler (to want)	*vull* *vols* *vol* *volem* *voleu* *volen*	*volent*	*volgut*

IRREGULAR VERBS

INFINITIVE	PRESENT TENSE	GERUND	PARTICIPLE
saber	*sé*	*sabent*	*sabut*
(to know)	*saps*		
	sap		
	sabem		
	sabeu		
	saben		

INFINITIVE	PRESENT TENSE	GERUND	PARTICIPLE
fer	*faig*	*fent*	*fet*
(to do)	*fas*		
	fa		
	fem		
	feu		
	fan		

INFINITIVE	PRESENT TENSE	GERUND	PARTICIPLE
dir	*dic*	*dient*	*dit*
(to say)	*dius*		
	diu		
	diem		
	dieu		
	diuen		

INFINITIVE	PRESENT TENSE	GERUND	PARTICIPLE
tenir	*tinc*	*tenint*	*tingut*
(to have)	*tens*		
	té		
	tenim		
	teniu		
	tenen		

INFINITIVE	PRESENT TENSE	GERUND	PARTICIPLE
venir	*vinc*	*venint*	*vingut*
(to come)	*véns*		
	ve		
	venim		
	veniu		
	vénen		

INFINITIVE	PRESENT TENSE	GERUND	PARTICIPLE
viure	*visc*	*vivint*	*viscut*
(to live)	*vius*		
	viu		
	vivim		
	viviu		
	viuen		

PAST TENSES

PAST TENSE

vaig	+	*infinitive*
vas	+	*infinitive*
va	+	*infinitive*
vam	+	*infinitive*
vau	+	*infinitive*
van	+	*infinitive*

Examples:
Ahir vaig anar a classe de català.
(Yesterday I attended Catalan class.)
Vam trobar la professora.
(We came accross our teacher.)

PRESENT PERFECT

he	+	*participle*
has	+	*participle*
ha	+	*participle*
hem	+	*participle*
heu	+	*participle*
han	+	*participle*

Examples:
Avui he arribat tard.
(Today I have arrived late.)
Aquest matí he jugat a futbol.
(This morning I have
played football.)

PREPOSITIONS

to	*a*	The prepositions *a*, *de*, *per* followed by the articles *el*, *els* are shortened
with	*amb*	
of	*de*	a + el = al
for	*per, per a*	a + els = als
against	*contra*	
between, among	*entre*	de + el = del
despite	*malgrat*	de + els = dels
as	*segons*	
without	*sense*	per + el = pel
toward	*cap a*	per + els = pels
from	*des de*	
up until	*fins a*	
under	*sota*	

ADVERBS AND ADVERBIAL PHRASES

MANNER	
as/like	*com*
well	*bé, ben* (before a verb)
bad	*malament, mal* (before a verb)
better	*millor*
worse	*pitjor*
this way	*així*
at the same time	*alhora*
at least	*almenys, pel cap baix*
rapidly	*corrents*
nearly	*gairebé*
only	*sols, solament, només*

above all	*sobretot*
in the dark	*a les fosques*
on foot	*a peu*
from start to finish	*de cap a cap*
suddenly	*de cop i volta*
truly	*de debò*
free	*de franc*
quickly	*de pressa*
earlier	*més aviat*
gradually	*de mica en mica*

QUANTITY

too much / too many	*massa*
a lot of	*molt*
many	*força*
plenty of	*bastant*
enough	*prou*
not very much	*gaire*
not much	*poc*
not at all	*gens*
not a thing	*gens ni mica*
so much	*tant*
so	*tan*

PLACE

where	*on*
here	*aquí, ací*
there	*allà, allí*
up here	*cap aquí*
up there	*cap allà*
in	*dins*
into	*dintre*
behind	*darrere*
in front of	*davant*
onto	*damunt*
on	*sobre*
under	*sota*
upwards	*amunt*
downwards	*avall*
up	*a dalt*
down	*a baix*
near	*a prop*
far	*lluny*
around	*al voltant*
on the right	*a la dreta*
on the left	*a l'esquerra*
on the right-hand side	*a mà dreta*
on the left-hand side	*a mà esquerra*

TIME

when	*quan*
now	*ara*
then	*llavors, aleshores*
always	*sempre*
never	*mai*
often	*sovint*
from time to time	*de tant en tant*
sometimes	*a vegades*
meanwhile	*mentrestant*
before	*abans*
afterwards	*després*
soon	*de seguida*
early	*aviat, d'hora*
late	*tard*
already	*ja*
still	*encara*
at the same time	*alhora*
the sooner the better	*com més aviat millor*

AFFIRMATION

yes	*sí*
also	*també*
even	*fins i tot*
of course	*i tant*
really	*de veritat*
truly	*de debò*

DOUBT

maybe	*potser*
perhaps	*qui sap*

NEGATION

no, not	*no, no pas*
neither	*tampoc*
not at all	*de cap manera*

CONJUNCTIONS

and	*i*
nor	*ni*
that	*que*
or	*o*
but	*però, sinó*
then, so	*doncs*
because	*perquè*
as	*ja que*
if	*si*
as, like	*com*
although	*encara que*

English-*Catalan*

a *un una*
A (as a mark) *excel·lent*
abdomen *abdomen*
above all *sobretot*
academic *acadèmic -a*
academic credit *crèdit acadèmic*
academy *acadèmia*
accommodation *allotjament*
acknowledgement of receipt *justificant de recepció*
activity *activitat*
address *adreça*
addressee *destinatari destinatària*
adhesive tape *cel·lo*
adjective *adjectiu*
advance *bestreta*
advantage *avantatge*
adventure *aventura*
adverb *adverbi*
advertise (to) *anunciar*
advertisement *anunci*
advertising leaflets *propaganda*
advisor *assessor assessora*
aerobics *aeròbic*
affirmation *afirmació*
afternoon *tarda*
afterwards *després*
against *contra*
age *edat*
agency *agència*
AIDS *sida*
air pocket *sotrac*
album *àlbum*
alcohol *alcohol*
almond *ametlla*
alone *sol -a*
alphabetical *alfabètic -a*
already *ja*

also *també*
although *encara que*
always *sempre*
all (all the group) *tot -a*
allergic *al·lèrgic -a*
allergy *al·lèrgia*
allioli (oil and garlic sauce) *allioli*
amount *import*
analysis *anàlisi*
anchovy *anxova*
and *i*
ankle support *turmellera*
anniversary *aniversari*
announcement *convocatòria*
another *altre -a*
answer *resposta*
answer (to) *respondre*
answering machine *contestador automàtic*
antibiotic *antibiòtic*
any *qualsevol*
apartment *apartament, pis*
apparatus (gym) *aparell*
appetizer *aperitiu*
apple *poma*
April *abril*
Arabic *àrab*
area *àrea*
arm *braç*
armband *braçalet*
around *al voltant*
art *art*
artichoke *carxofa*
article *article*
as *com, ja que*
ask (to) *preguntar*
ask for (to) *demanar*
aspirin *aspirina*

assess (to) *avaluar*
assistant (professor) *lector lectora*
assistantship *lectorat*
association *associació*
asthma *asma*
at least *almenys*
at the same time *alhora*
athletics *atletisme*
atlas *atles*
attendance *assistència*
au gratin *gratinat -ada*
aubergine *albergínia*
August *agost*
Austria *Àustria*
author *autor autora*
authorize payment (to) *conformar*
automatic *automàtic -a*
autumn *tardor*
B (as a mark) *notable*
bachelor's degree *llicenciatura*
back (body) *esquena*
bad *mal -a*
badly *malament*
bag *bossa*
baker's *forn de pa*
balance *saldo*
balcony *balcó*
balcony (large) *terrassa*
ball *pilota*
banana *plàtan*
band-aid *tireta*
bandage *bena*
bandage (to) *embenar*
bank *banc*
bankbook *llibreta d'estalvis*
banking (adjective) *bancari -ària*
bar *barra*
bar (premises) *bar*
basket *cistella*
basketball *bàsquet, basquetbol*
bath *bany*
bathing suit *banyador*
battery *pila*
be (to) *estar, ser*
be broken (to) *espatllar-se*
be engaged (to) (telephone)
  comunicar
be mistaken (to) *equivocar-se*
beach *platja*
bean *mongeta*
because *perquè*

bed *llit*
beer *cervesa*
beer (small) *canya de cervesa*
before *abans*
begin (to) *començar*
beginning *començament*
behind *darrere*
Belgian *belga*
Belgium *Bèlgica*
belly *ventre*
better *millor*
between *entre*
beverage *beguda*
bicycle *bicicleta*
big *gros grossa*
bill *compte*
bind (to) *enquadernar*
biology *biologia*
birthday *aniversari*
biscuit *galeta*
black *negre -a*
blackboard *pissarra*
blanket *flassada*
blind *persiana*
block (to) *encallar*
blood (adjective) *sanguini -ínia*
blouse *brusa*
blow *cop*
blue *blau blava*
board *tauler*
boarding house *pensió*
boat *vaixell*
boiled *bullit -ida*
boiler *escalfador*
bold (letter) *negreta*
bolt *pestell*
bone *os*
book *llibre*
book (exercise, notes) *quadern*
book (to) *reservar*
bookcase *prestatgeria*
booked *reservat -ada*
bookshop *llibreria*
bottle *ampolla*
boy *nen, noi*
bra *sostenidors*
braised veal and potatoes *estofat*
brake (to) *frenar*
branch *sucursal*
bread *pa*
bread roll *panet*

break (to) *espatllar-se*
breakdown *avaria*
briefcase *cartera*
broccoli *bròquil*
bronchitis *bronquitis*
brother *germà*
brown *marró*
building *edifici*
burn oneself (to) *cremar-se*
burnt *cremat -ada*
bus *autobús*
business *gestió*
but *però, sinó*
butane *butà*
butter *mantega*
button *botó*
cable (railway) *cable*
cable car *telefèric*
cake *pastís*
calendar *calendari*
calm *tranquil -il·la*
camera *càmera, màquina*
campus *campus*
can *poder*
cancel (to) *cancel·lar*
cancellation *anul·lació*
cannelloni *canelons*
cap *gorra*
car *cotxe*
card *targeta*
card (identity) *carnet*
card (index) *fitxa*
card (kind of paper) *cartolina*
caretaker *conserge*
carriage (of a train) *vagó*
case *funda*
cash dispenser *caixer automàtic*
cashier *caixer caixera*
casserole *cassola*
cassette *casset*
Castilian (Spanish) *castellà -ana*
Catalan *català -ana*
catalogue *catàleg*
Catalonia *Catalunya*
cauliflower *coliflor*
CD-ROM *CD-ROM*
celebrate (to) *celebrar*
centre *centre*
cereal *cereal*
certificate *certificat, diploma*
certificate (undergraduate)

diplomatura
chain (gold) *cadena*
chair *cadira*
change *canvi, transbord*
change (money) **(to)** *descanviar*
chapter *capítol*
charcoal-broiled *caliu*
charcoal grill *brasa*
charge (to) *cobrar*
chat up (to) *lligar*
cheap *barat -a*
check *taló*
check in (to) *facturar*
check over (to) *repassar*
cheese *formatge*
chemist's *farmàcia*
cheque *xec, taló*
chequebook *talonari*
chicken *pollastre*
chickpea *cigró*
China *Xina*
Chinese *xinès -esa*
chiropodist *callista*
chocolate *xocolata*
chocolate milk shake *cacaolat*
church *església*
cinema *cinema*
city *ciutat*
clam *escopinya*
class *classe*
climbing *escalada*
clinic *dispensari*
cloakroom *guarda-roba*
close (to) *tancar*
closet *armari*
clothes hanger *penja-robes*
coach *cotxe de línia, autocar*
coach (of a team) *entrenador entrenadora*
coat *abric*
coated in breadcrumbs *arrebossat -ada*
cod *bacallà*
code *codi*
coffee *cafè*
coffee maker *cafetera*
coin *moneda*
cold *constipat, refredat, fred -a*
collection *col·lecció*
colour *color*
comb *pinta*

227

come (to) *venir*
come back (to) *tornar*
commission *comissió*
complaint *queixa*
compulsory *obligatori -òria*
computer *ordinador*
computer science *informàtica*
computing *informàtica*
concert *concert*
condition *condició*
condom *preservatiu, condó*
conductor *revisor revisora*
conjugation *conjugació*
conjunction *conjunció*
connect (to) *connectar*
connection *connexió*
consonant *consonant*
constipation *restrenyiment*
contact *contacte*
contact (to) *contactar*
contraceptive *anticonceptiu*
contract *contracte*
conversation *conversa*
cook *cuiner cuinera*
cook (to) *cuinar, coure*
cooker *olla*
cookie *galeta*
cooking pot *olla*
coordinator *coordinador coordinadora*
copy *còpia*
copy (to) *copiar*
corkscrew *tirabuixó*
correction *correcció*
correction fluid *corrector líquid*
correspondence *correspondència*
cotton wool *cotó fluix*
cough *tos*
country *país*
courgette *carbassó*
court *pista*
cover *funda*
covers *tapes*
cream *nata*
credit (to) *ingressar*
crème caramel *flam*
croissant *croissant*
croquette *croqueta*
crown *corona*
cruet set *setrilleres*
cube *dau*

cultural *cultural*
culture *cultura*
cup *tassa*
cupboard *armari*
curd cheese *mató*
cure (to) *curar*
currency *divisa*
current account *compte corrent*
curriculum vitae *currículum*
custard *crema*
customs *duana*
cut (injury) *tall*
cut (to) *tallar*
cutlery *coberts*
cycle *cicle*
cycling *ciclisme*
D (as a mark) *suspens*
dance (to) *ballar*
Danish *danès -esa*
dark *fosc -a*
data *dada*
database *base de dades*
date *data*
daughter *filla*
day *dia*
daytime *diürn -a*
decaffeinated *descafeïnat -ada*
December *desembre*
deferment *pròrroga*
delay *retard*
delete (to) *esborrar*
deliver (to) *lliurar*
delivery *tramesa*
Denmark *Dinamarca*
density *densitat*
dentist *dentista*
dentistry *odontologia*
department *departament*
depending on *segons*
deposit *dipòsit*
deposit (business) *fiança*
deposit (current account) *ingrés*
desk *escriptori, taulell*
despite *malgrat*
dessert *postres*
develop (to) *revelar*
developing *revelatge*
dial (to) *marcar*
dialling code *prefix*
diaphragm *diafragma*
diary *agenda*

diarrhoea *diarrea*
dictation *dictat*
dictionary *diccionari*
difficulty *incidència*
digraph *dígraf*
dining-room *menjador*
director *director directora*
disconnect (to) *desconnectar*
discotheque *discoteca*
discount *descompte*
dish *plat*
disinfectant *desinfectant*
disk *disc*
disk drive *disquetera*
do (to) *fer*
doctor *metge metgessa, doctor doctora*
document *document*
dollar *dòlar*
door *porta*
dossier *dossier*
double *doble*
doubt *dubte*
down payment *paga i senyal*
downwards *avall*
drachma *dracma*
drawer *calaix*
drawing pin *xinxeta*
drink (to) *beure*
drinking glass *vas, got*
drinking straw *canya*
driver *conductor conductora*
dry cleaner's *tintoreria*
dryer *assecadora*
duplicate *duplicat*
dust *pols*
Dutch *neerlandès -esa, holandès -esa*
each *cada*
each of us/you/them... *cadascú, cadascun -a*
ear *orella*
earlier *més aviat*
early *d'hora, aviat*
early morning *matinada*
earring *arracada*
eat (to) *menjar*
economical *econòmic -a*
economics *economia*
edit (to) *editar*
edition *edició*
egg *ou*

eggplant *albergínia*
eight *vuit*
eighteen *divuit*
eighth *vuitè -ena*
eighty *vuitanta*
elbow *colze*
elbow guard *colzera*
elbow pad *colzera*
electrical appliance *electrodomèstic*
electricity *corrent*
electronic *electrònic -a*
electronic address *adreça electrònica*
electronic mail *correu electrònic*
eleven *onze*
E-mail *correu electrònic*
emergency *urgència*
encyclopaedia *enciclopèdia*
England *Anglaterra*
English *anglès -esa*
enlarge (to) *ampliar*
enlargement *ampliació*
enough *prou*
enter (to) *entrar*
envelope *sobre*
eraser *esborrador, goma d'esborrar*
escudo *escut*
essay *assaig*
euro *euro*
even *fins i tot*
evening *vespre*
everybody *tothom*
exam *examen*
exchange (to) *canviar*
exchange (conversation) *intercanvi*
excursion *excursió*
exercise *exercici*
exhibition *exposició*
exit *sortida*
expense *despesa*
expensive *car -a*
expired *caducat -ada*
express *urgent*
expression *expressió*
extend (to) *ampliar*
extension *extensió, ampliació*
extensive *extensiu -iva*
eye *ull*
face *cara*
faculty *facultat*
fail (to) *suspendre*
fall in love (to) *enamorar-se*

229

far *lluny*
fare *tarifa*
father *pare*
fax *fax*
February *febrer*
feel (to) *sentir*
felt-tip pen *retolador*
fever *febre*
few *poc -a*
field *terreny de joc*
fifth *cinquè -ena*
fifty *cinquanta*
file (computing) *fitxer, arxiu*
file (to) *arxivar*
fill (to) *omplir*
fill in (to) *emplenar*
film *pel·lícula*
filter *filtre*
final *final*
find (to) *trobar*
fine *multa*
finger *dit*
finish (to) *acabar*
Finland *Finlàndia*
Finnish *finlandès -esa*
first *primer -a*
fish *peix*
fitness *musculació*
fittings *equipament*
five *cinc*
flash *flaix*
flat *pis*
flatmate *company companya de pis*
floppy disk *disquet*
flu *grip*
folder *carpeta*
folio *foli*
foot *peu*
football *futbol*
for *per*
for (them) *per a*
for the *pel*
foreign *estranger -a*
forget (to) *deixar-se*
fork *forquilla*
form *imprès*
format *format*
format (to) *formatar*
forty *quaranta*
fountain pen *ploma*
fourteen *catorze*

fourth *quart -a*
fracture *fractura*
frame *marc*
franc *franc*
France *França*
free (money) *gratuït -a, de franc*
free (not occupied) *lliure*
French *francès -esa*
fresh *fresc -a*
fricassee *fricandó*
Friday *divendres*
fridge *nevera*
fried *fregit -ida*
friend *amic amiga*
from *des de*
from start to finish *de cap a cap*
from time to time *de tant en tant*
frozen *congelat -ada*
fruit *fruita*
fruit salad *macedònia*
frying-pan *paella*
functioning *funcionament*
funicular *funicular*
game *joc*
gang *colla*
gas *gas*
gauze *gasa*
gel *gel*
general *general*
geography *geografia*
geology *geologia*
German *alemany -a*
Germany *Alemanya*
gerund *gerundi*
get dizzy (to) *marejar-se*
get drunk (to) *emborratxar-se*
get fogged (to) *velar-se*
get off (to) *baixar*
get on (to) *pujar*
get sick (to) *marejar-se*
girdle *faixa*
girl *nena, noia*
glass (for champagne or wine) *copa*
glasses (spectacles) *ulleres*
glue *goma d'enganxar*
go (to) *anar*
go for a walk (to) *passejar*
go out (to) *sortir*
goal *objectiu*
goal (where the goalkeeper is) *porteria*

God *déu*
good *bé*
goodbye *adéu*
gradually *de mica en mica*
grammar *gramàtica*
grant *beca*
grant holder *becari becària*
graphics *gràfic*
grass *herba*
Greece *Grècia*
Greek *grec grega*
green *verd -a*
green bean *mongeta tendra*
grey *gris -a*
grill *planxa, graella*
ground *picat -ada*
group *grup*
guarantee *aval*
guide (plan) *guia*
guilder *florí*
gym *gimnàs*
gymnastics *gimnàstica*
gynaecologist *ginecòleg ginecòloga*
haemorrhage *hemorràgia*
hair *cabell*
hairdresser's *perruqueria*
hake *lluç*
hall *sala, vestíbul*
ham *pernil*
hamburger *hamburguesa*
hand *mà*
hand in (to) *entregar*
handball *handbol*
hard *dur -a*
hard disk *disc dur*
have (to) *tenir*
have a bath (to) *banyar-se*
have a bowel movement (to) *anar de ventre*
have a shower (to) *dutxar-se*
have breakfast (to) *esmorzar*
have dinner (to) *sopar*
have amt. paid from one's account (to) *domiciliar*
have tea (to) *berenar*
he *ell*
head *cap*
health *salut*
heart *cor*
heat (to) *escalfar*
heating system *calefacció*

help (to) *ajudar*
hepatitis *hepatitis*
her *seu seva*
herbal tea *infusió*
here *aquí, ací*
hiking *excursionisme*
his *seu seva*
history *història*
hives *urticària*
hockey *hoquei*
Holland *Holanda*
honey *mel*
hospital *hospital*
hostel *alberg*
hot *calent -a*
hotel *hotel*
hour *hora*
house *casa*
how much *quant -a*
hundred *cent*
hurdle *tanca*
hurt (to) *fer mal*
husband *marit*
I *jo*
ice cream *gelat*
iced lemon drink *granissat de llimona*
idea *idea*
if *si*
ill *malalt -a*
illegible *il·legible*
illness *malaltia*
immediately *de seguida*
improve (to) *perfeccionar*
in *en, dins*
in front of *davant*
index *índex*
information *informació*
injection *injecció*
injury *ferida*
ink *tinta*
inside *dintre*
insomnia *insomni*
installation *instal·lació*
instalment *termini*
instruction *instrucció*
insulin *insulina*
insurance *assegurança*
intensive *intensiu -iva*
interest *interès*
into *dintre*
Ireland *Irlanda*

Irish *irlandès -esa*
iron (to iron clothes) *planxa*
issue *assumpte*
Italian *italià -ana*
Italy *Itàlia*
itch *picor*
itinerary *itinerari*
jacket *jaqueta*
jam *melmelada*
January *gener*
Japan *Japó*
Japanese *japonès -esa*
jersey *jersei*
joint (account) *combinat -ada*
juice *suc*
July *juliol*
June *juny*
keep-fit *manteniment*
key (computing) *tecla*
key (to open a door) *clau*
keyboard *teclat*
kitchen *cuina*
knee *genoll*
knee bandage *genollera*
knickers *calces*
knife *ganivet*
know (to) *conèixer, saber*
lab *laboratori*
label *etiqueta*
lamb *be, xai*
laminate (to) *plastificar*
laminated *plastificat -ada*
language *idioma, llengua*
laser *làser*
late *tard*
laundry *bugaderia*
law *dret*
laxative *laxant*
learn (to) *aprendre*
leave (to) *deixar, marxar*
lecture *conferència*
lecture room *aula*
lecture rooms *aulari*
left *esquerre -a*
left luggage office *consigna*
leg *cama*
legume *llegum*
leisure *lleure*
lemon *llimona*
lemonade *llimonada*
lentil *llentia*

less *menys*
lesson *lliçó*
letter *carta*
letter (alphabet) *lletra*
level *nivell*
lexicon *lèxic*
librarian *bibliotecari bibliotecària*
library *biblioteca*
lift *ascensor*
light *llum*
light (colour) *clar -a*
light bulb *bombeta*
like *com*
like that *així*
lilac *lila*
line *línia*
line (railway) *via*
line of cork floats *surada*
linguistic *lingüístic -a*
link *enllaç*
liqueur *licor*
liquid *líquid -a*
lira *lira*
list *llista*
listen (to) *escoltar*
listings *cartellera*
literature *literatura*
litre *litre*
litter bin *paperera*
little *poc -a, mica*
live (to) *viure*
loan *crèdit, préstec*
locker *armariet*
locker room *vestidor*
lodge (to) *allotjar-se*
loin *llom*
long *llarg -a*
long-distance call *conferència*
long-distance bus *cotxe de línia*
long flat cake *coca*
look for (to) *buscar*
lose (to) *perdre*
love (to) *estimar*
luggage *equipatge*
lunch *dinar*
Luxembourg *Luxemburg*
macaroni *macarrons*
magazine *revista*
magnetic *magnètic -a*
mail *correu*
make better (to) *millorar*

man *home*
many *molt -a, força*
map *mapa, plànol*
mark (foreign currency) *marc*
mark (grade) *nota*
married *casat -ada*
match *partit*
material *material*
maths *matemàtiques*
matt *mat*
matter *assumpte*
mattress *matalàs*
May *maig*
maybe *potser*
mayonnaise *maionesa*
meanwhile *mentrestant*
measles *xarampió*
meat *carn*
meatball *mandonguilla*
medical *mèdic -a*
medicament *medicament*
medicine (remedy) *medecina*
medicine (science) *medicina*
medicine cabinet *farmaciola*
meet (to) *trobar, conèixer*
meet (to) (two people) *trobar-se*
melon *meló*
memory *memòria*
mend (to) *reparar*
mentor *mentor mentora*
menu *menú*
message *encàrrec, missatge*
metro *metro*
metro station entrance *boca de metro*
microfilm *microfilm*
microwave oven *microones*
mid- (January) *mitjan*
midday *migdia*
million *milió*
milk *llet*
mine (poss. pron) *meu meva*
mineral *mineral*
minute *minut*
mock exam *model d'examen*
modify (to) *modificar*
Monday *dilluns*
money *diners*
money order *gir*
monitor *monitor monitora*
monitor (computing) *monitor*
month *mes*

moon *lluna*
more *més*
morning *matí*
morphosyntax *morfosintaxi*
mother *mare*
motorbike *moto*
mountain *muntanya*
mountaineering *muntanyisme*
mouth *boca*
mumps *galteres*
muscle *múscul*
museum *museu*
mushroom *bolet, xampinyó*
music *música*
musical *musical*
musician *músic música*
mustard *mostassa*
my *meu meva*
napkin *tovalló*
natural *natural*
near *prop*
nearly *gairebé*
neck *coll*
negation *negació*
negative *negatiu*
neighbourhood *barri*
neither *tampoc*
net *xarxa*
never *mai*
newspaper *diari*
newspaper and periodicals library *hemeroteca*
NGO *ONG*
night *nit*
night (time) *nocturn -a*
nine *nou*
nineteen *dinou*
ninety *noranta*
ninth *novè -ena*
no *no*
nobody *ningú*
noodle *fideu*
nor *ni*
Norway *Noruega*
Norwegian *noruec -ega*
nose *nas*
not at all (I don't like it at all) *gens*
not very much *no... gaire*
notebook *llibreta*
notes *apunts*
nothing *res*

233

notice *avís*
noun *substantiu*
November *novembre*
now *ara*
number *número*
nurse *infermer infermera*
nurse (specializing in giving injections) *practicant*
nursing *infermeria*
October *octubre*
odontology *odontologia*
of *de*
of course *i tant*
of the *del*
office *consultori, oficina*
often *sovint*
oil *oli*
ointment *pomada*
olive *oliva*
omelette *truita*
on *en, sobre, damunt*
on foot *a peu*
once *un cop*
one *u*
only *solament, sols, només*
onto *damunt*
open (to) *obrir*
operate (to) *operar*
ophthalmologist *oftalmòleg oftalmòloga*
optional *optatiu -iva*
or *o*
orange *taronja*
orangeade *taronjada*
order *ordre, comanda*
order (to) *encarregar*
original *original*
our *nostre -a*
oven *forn*
pad *bloc*
paella *paella*
page *pàgina*
pain *dolor, mal*
painkiller *analgèsic*
panties *calces*
paper *paper*
paperclip *clip*
papers (legal) *documentació*
paperwork *tràmit*
parallel bars *paral·leles*
parcel *paquet*

park *parc*
part *part*
participle *participi*
pass *aprovat*
pass (to) *aprovar*
past *passat*
past (tense) *pretèrit*
pastry *pasta*
pay (to) *pagar*
payment *pagament*
peaceful *tranquil -il·la*
peacefulness *tranquil·litat*
peach *préssec*
peanut *cacauet*
pear *pera*
pedagogy *pedagogia*
pen *bolígraf*
pencil *llapis*
penicillin *penicil·lina*
pepper *pebre*
peroxide *aigua oxigenada*
person *persona*
person in charge *encarregat encarregada*
peseta *pesseta*
pharmacy *farmàcia*
pharyngitis *faringitis*
philology *filologia*
philosophy *filosofia*
phone (to) *telefonar, trucar*
phone box *cabina telefònica*
phone call *trucada*
phonetics *fonètica*
photo *foto*
photo booth *màquina de fer fotografies*
photocopier *fotocopiadora*
photocopy *fotocòpia*
photocopy (to) *fotocopiar*
photocopy service *reprografia*
photograph (to) *fotografiar*
photographer *fotògraf fotògrafa*
photographic *fotogràfic -a*
photography *fotografia*
physics *física*
pick up (to) (the phone) *despenjar*
pickling brine *escabetx*
piece *part*
piece of furniture *moble*
pig *porc*
pillow *coixí*

pimple *gra*
pin *agulla*
pineapple *pinya*
pink *rosa*
pinkish *rosat*
pizza *pizza*
pizzeria *pizzeria*
place *lloc*
plan *plànol*
plane *avió*
plaster *guix*
plaster (to) *enguixar*
platform *andana*
play (to) *jugar*
plenty of *bastant*
pneumonia *pulmonia*
pocket *butxaca*
pole *perxa*
policy *pòlissa*
polio *pòlio*
pork *carn de porc*
pork sausage *botifarra*
porter *bidell bidella*
Portugal *Portugal*
Portuguese *portuguès -esa*
post box *bústia*
post-office box *apartat*
postage *franqueig*
postcard *postal*
postcode *codi postal*
postman postwoman *carter cartera*
potato *patata*
pound *lliura*
practise (to) *practicar*
prawn *gamba*
pregnant *embarassada*
preliminary registration *preinscripció*
preposition *preposició*
present tense *present*
press *premsa*
pressure *pressió*
price *preu*
print (to) *imprimir*
printer *impressora*
private hospital *clínica*
procedure *gestió*
professor *catedràtic catedràtica*
programme *programa*
pronoun *pronom*
pronunciation *pronunciació*
property *immobiliari -ària*

psychiatrist *psiquiatre psiquiatra*
psychologist *psicòleg psicòloga*
psychology *psicologia*
public *públic -a*
publishing company *editorial*
pupil *alumne alumna*
purchase *compra*
purée *puré*
put (to) *posar*
put down (to) (the phone) *penjar*
put off (to) *ajornar*
quadruple *quàdruple*
quantity *quantitat*
queue *cua*
quickly *de pressa*
rabbit *conill*
race *cursa*
rain *pluja*
rain (to) *ploure*
rapidly *corrents*
rate *taxa*
raw *cru crua*
read (to) *llegir*
real estate *immobiliari -ària*
really *de veritat*
receipt *comprovant*
receiver *auricular*
record (of a student) *expedient*
red *vermell -a*
red or green pepper *pebrot*
referee *àrbitre àrbitra*
refund *devolució*
register (to) *matricular-se*
registration *matrícula*
relinquish (to) *renunciar*
renounce (to) *renunciar*
rent *lloguer*
rent (to) *llogar*
repair *reparació*
representative *delegat delegada*
reservoir *pantà, dipòsit*
residence hall *col·legi major*
restaurant *restaurant*
reverse charge call *cobrament a destinació*
rhythmical *rítmic -a*
rice *arròs*
right *dret -a*
ring *timbre, anell*
ring binder *arxivador*
river *riu*
roasted *rostit -ida*

robbery *robatori*
roll of film *rodet, carret*
romesco (dried red pepper, garlic and almond sauce) *romesco*
room *sala, habitació*
rope *corda*
rosé (wine) *rosat*
rosy *rosat*
rucksack *motxilla*
Russia *Rússia*
Russian *rus russa*
saccharin *sacarina*
sail *vela*
saint's day *sant*
salad *amanida*
salt *sal*
salt shaker *saler*
saltcellar *saler*
salted *salat -ada*
same *mateix -a*
sandwich *entrepà*
sanitary pad *compresa*
sardine *sardina*
satchel *cartera*
satin (adjective) *setinat -ada*
Saturday *dissabte*
sauce *salsa*
sauna *sauna*
sausage *salsitxa*
sausage (generic) *embotit*
save (to) *estalviar*
saving *estalvi*
savings bank *caixa d'estalvis*
say (to) *dir*
school *escola, facultat*
schoolmate *company companya de classe*
science *ciència*
scientific *científic*
scissors *estisores, tisores*
screen *pantalla*
sea *mar*
seafood *marisc*
seal *precinte*
seal (to) *precintar*
season *estació*
season ticket *abonament*
season (to) *amanir*
seasoned *amanit -ida*
seat *seient*
second *segon -a*

secret *secret -a*
secretariat *secretaria*
see (to) *veure*
self-study learning *autoaprenentatge*
self-service *autoservei*
sell (to) *vendre*
selling *venda*
semester *semestre*
send (to) *enviar*
sensitivity *sensibilitat*
September *setembre*
serious *greu*
serve (to) *servir*
serviette *tovalló*
seven *set*
seventeen *disset*
seventh *setè -ena*
seventy *setanta*
sew (to) *cosir*
sex *sexe*
shadow *ombra*
shampoo *xampú*
share (to) *compartir*
shave (to) *afaitar*
she *ella*
sheet (bed) *llençol*
sheet (paper) *full*
shelf *prestatge*
shellfish *marisc*
shift *torn*
shirt *camisa*
shoe *sabata*
shop *botiga*
short *baix -a*
short (skirt) *curt -a*
shower *dutxa*
shrimp *gamba*
shutter *obturador*
sickness *mareig*
side dishes (cookery) *acompanyament*
sign *rètol, cartell*
sign (to) *firmar, signar*
signature *signatura*
silent (letter) *mut muda*
single *solter -a*
sister *germana*
six *sis*
sixteen *setze*
sixth *sisè -ena*
sixty *seixanta*
skate *patí*

ski *esquí*
sleep (to) *dormir*
slide *diapositiva*
slight *lleu*
small *petit -a*
smoked *fumat -ada*
snack *aperitiu*
sneaker *sabatilla*
so *doncs*
so (so nice) *tan*
so much *tant -a*
sock *mitjó*
sole *llenguado*
some *algun -a*
someone *algú*
sometimes *a vegades*
son *fill*
sore throat *angines*
soup *sopa*
spaghetti *espaguetis*
Spain *Espanya*
Spanish *espanyol -a*
sparkling wine *cava*
speak (to) *parlar*
specialization *especialitat*
speck *brossa*
spelling *ortografia*
spicy *picant*
spinach *espinac*
spiral *espiral*
spoon *cullera*
sports *esport*
sports field *camp d'esports*
sports hall *pavelló*
spot *gra*
spring *primavera*
squared *quadriculat -ada*
squid *calamar(s)*
stairs *escala*
stamp *segell*
staple *grapa*
staple (to) *grapar*
stapler *grapadora*
start (to) *engegar*
starter *entremès*
statement (account) *extracte*
station *estació*
stationery store *papereria*
stationer's *papereria*
stationmaster *cap d'estació*
steak *bistec*

steamed *al vapor*
stew *escudella*
stick (hockey) *estic*
sticking plaster *tireta, esparadrap*
still *encara*
stitch *punt*
stomach *estómac*
stop *parada*
stop (to) *parar*
stopwatch *cronòmetre*
strap *corretja*
strawberry *maduixa*
street *carrer*
strength *força*
strip *banda*
student *estudiant*
student residence *residència*
study (to) *estudiar*
stuffed *farcit -ida*
subject *assignatura*
subscription *subscripció*
suburban *rodalia*
such (any such instructions) *tal*
suddenly *de cop i volta*
sugar *sucre*
suggest (to) *suggerir*
suitcase *maleta*
summary *resum*
summer *estiu*
Sunday *diumenge*
sunstroke *insolació*
superintendent *superintendent, conserge*
supermarket *supermercat*
suppository *supositori*
surgery *consultori*
sweat *suor*
Sweden *Suècia*
Swedish *suec -a*
sweet *dolç -a*
sweet corn *blat de moro*
swim (to) *nedar*
swimming *natació*
swimming pool *piscina*
Switzerland *Suïssa*
syllable *síl·laba*
syllabus *pla d'estudis*
syrup *almívar*
syrup (medicine) *xarop*
T-shirt *samarreta*
table *taula*

237

table tennis *tennis de taula*
tablecloth *estovalles*
tablet *pastilla*
tabulator *tabulador*
take (to) *agafar, prendre*
tall *alt -a*
tape (cassette or video) *cinta*
taste (to) *tastar*
tax *impost*
taxi *taxi*
taximeter *taxímetre*
tea *te*
teacher *professor professora,
  mestre mestra*
team *equip*
teaspoon *cullereta*
technical *tècnic -a*
telegram *telegrama*
telephone *telèfon*
telephone (adjective) *telefònic -a*
telephone booth *cabina telefònica*
telephone directory *guia de telèfons*
telephone operator *telefonista*
television *televisió*
tell someone (to) *dir-se*
temporary *temporal*
ten *deu*
tender *tendre -a*
tennis *tennis*
tenth *desè -ena*
term *terme, curs*
test *prova*
tetanus *tètanus*
text *text*
that *aquell -a, allò*
the *el, la, els, les*
the day after tomorrow *demà passat*
the day before yesterday
  abans-d'ahir
the next day *l'endemà*
theatre *teatre*
then *aleshores, doncs*
there *allà, allí*
thermometer *termòmetre*
thesis *tesi*
thing *cosa*
third *tercer -a*
thirteen *tretze*
thirty *trenta*
this *aquest -a, això*
thousand *mil*

three *tres*
three times *triple*
thumbtack *xinxeta*
Thursday *dijous*
ticket *bitllet, entrada, resguard*
ticket counter *taquilla*
tie *corbata*
time *temps, vegada*
timetable *horari*
Tipp-Ex *Tipp-Ex*
to *a, per*
to the *al / a la / als / a les*
toast (to) *brindar*
toasted *torrat -ada*
tobacconist's *estanc*
today *avui*
toilet *vàter*
tomato *tomàquet*
tomorrow *demà*
tone *senyal*
tongue *llengua*
too (too much, too many) *massa*
tooth *dent*
toothpick *escuradents*
tourist (adjective) *turístic -a*
towards *cap a*
towel *tovallola*
track *pista, via*
tracksuit *xandall*
train *tren*
train (to) *entrenar-se*
training shoe *sabatilla*
tranquillizer *calmant*
transaction *operació*
transfer *transferència*
translation *traducció*
transport *transport*
tray *safata*
tree *arbre*
trip *viatge*
tripod *trípode*
trousers *pantalons*
trout *truita*
true *cert -a*
truly *de debò*
truth *veritat*
tuberculosis *tuberculosi*
Tuesday *dimarts*
turn *torn*
tutor *tutor tutora*
twelve *dotze*

twenty *vint*
twice *dos cops*
twist (to) *torçar*
two *dos, dues*
type *tipus*
umbrella *paraigua*
under *sota*
underline (to) *subratllar*
underpants *calçotets*
understand (to) *entendre*
university *universitat*
up *dalt*
up until *fins a*
upwards *amunt*
urgent *urgent*
use *ús*
validate (to) *convalidar*
validation *convalidació*
vanilla *vainilla*
vase *gerro*
veal *vedella*
vegetables *verdura*
vegetarian *vegetarià -ana*
verb *verb*
vermouth *vermut*
very much *molt*
video *vídeo*
vinaigrette *vinagreta*
vinegar *vinagre*
virus *virus*
visit (to) *visitar*
vocabulary *vocabulari*
volume *volum*
volleyball *voleibol*
vomit *vòmit*
vowel *vocal*
wait (to) *esperar*
waiter *cambrer cambrera*
wall bars *espatlleres*
want (to) *voler*
wastepaper basket *paperera*
water *aigua*
waterproof *submergible*
way *manera*
we *nosaltres*
Wednesday *dimecres*
week *setmana*
weekend *cap de setmana*
weigh (to) *pesar*
weight *pes*
well (before a verb) *ben*

well-done *cuit -a*
wheel *roda*
wheelchair *cadira de rodes*
when *quan*
where *on*
while *estona*
whistle *xiulet*
white *blanc -a*
white sauce *beixamel*
whole wheat *integral*
wholemeal *integral*
wife *muller*
window *finestra, finestreta*
wine *vi*
winter *hivern*
wish a happy birthday (to) *felicitar*
with *amb*
withd raw (to) *treure*
without *sense*
woman *dona*
word *mot, paraula*
work *treball*
work (to) *treballar*
worse *pitjor*
wrap (to) *embolicar*
wristband *canellera*
write (to) *escriure*
yard *pati*
year *any*
yellow *groc groga*
yes *sí*
yesterday *ahir*
yoga *ioga*
yoghurt *iogurt*
you *tu*
you (2nd p. pl.) *vosaltres*
you (courtesy form) *vostè*
your *teu teva, vostre -a, de vostè*
yours *teu teva, vostre -a, de vostè*
zero *zero*
zucchini *carbassó*

Catalan-*English*

a *to*
a peu *on foot*
a vegades *sometimes*
abans *before*
abans-d'ahir *the day before yesterday*
abdomen *abdomen*
abonament *season ticket*
abric *coat*
abril *April*
acabar *finish (to)*
acadèmia *academy*
acadèmic -a *academic*
ací *here*
acompanyament *complement*
activitat *activity*
adéu *goodbye*
adjectiu *adjective*
adreça *address*
adreça electrònica *E-mail address*
adverbi *adverb*
aeròbic *aerobics*
afaitar *shave (to)*
afirmació *affirmation*
agafar *take (to)*
agència *agency*
agenda *diary*
agost *August*
agulla *pin*
ahir *yesterday*
aigua *water*
aigua oxigenada *peroxide*
així *like that*
això *this*
ajornar *put off (to)*
ajudar *help (to)*
al *to the*
al vapor *steamed*

al voltant *around*
alberg *hostel*
albergínia *aubergine, eggplant*
àlbum *album*
alcohol *alcohol*
alemany -a *German*
Alemanya *Germany*
aleshores *then*
alfabètic -a *alphabetical*
algú *someone*
algun -a *some*
alhora *at the same time*
allà *there*
al·lèrgia *allergy*
al·lèrgic -a *allergic*
allí *there*
allioli *allioli (oil and garlic sauce)*
allò *that*
allotjament *accommodation*
allotjar-se *lodge (to)*
almenys *at least*
almívar *syrup*
alt -a *tall*
altre -a *another*
alumne alumna *pupil*
amanida *salad*
amanir *season (to)*
amanit -ida *seasoned*
amb *with*
ametlla *almond*
amic amiga *friend*
ampliació *enlargement, extension*
ampliar *enlarge (to), extend (to)*
ampolla *bottle*
amunt *upwards*
analgèsic *painkiller*
anàlisi *analysis*

anar *go (to)*
anar de ventre *have a bowel movement (to)*
andana *platform*
anell *ring*
angines *sore throat*
Anglaterra *England*
anglès -esa *English*
aniversari *anniversary, birthday*
antibiòtic *antibiotic*
anticonceptiu *contraceptive*
anul·lació *cancellation*
anunci *advertisement*
anunciar *advertise (to)*
anxova *anchovy*
any *year*
aparell *(gym) apparatus*
apartament *apartment, flat*
apartat *post-office box*
aperitiu *appetizer, snack*
aprendre *learn (to)*
aprovar *pass (to)*
aprovat *pass (mark)*
apunts *notes*
aquell -a *that*
aquest -a *this*
aquí *here*
ara *now*
àrab *Arabic*
àrbitre àrbitra *referee*
arbre *tree*
àrea *area*
armari *closet, wardrobe*
armariet *cupboard, locker*
arracada *earring*
arrebossat -ada *coated in breadcrumbs*
arròs *rice*
art *art*
article *article*
arxiu *file (computing)*
arxivador *ring binder*
arxivar *file (to)*
ascensor *lift*
asma *asthma*
aspirina *aspirin*
assaig *essay*
assecadora *dryer*
assegurança *insurance*
assessor assessora *advisor*
assignatura *subject*
assistència *attendance*

associació *association*
assumpte *issue, matter*
atles *atlas*
atletisme *athletics*
aula *lecture room*
aulari *lecture rooms*
auricular *receiver*
Àustria *Austria*
autoaprenentatge *self-study learning*
autobús *bus*
autocar *coach*
automàtic -a *automatic*
autor autora *author*
autoservei *self-service*
aval *guarantee*
avall *downwards*
avaluar *assess (to)*
avantatge *advantage*
avaria *breakdown*
aventura *adventure*
aviat *early*
avió *plane*
avís *notice*
avui *today*
bacallà *cod*
baix -a *short*
baixar *get off (to)*
balcó *balcony*
ballar *dance (to)*
banc *bank*
bancari -ària *banking (adjective)*
banda *strip*
bany *bath*
banyador *bathing suit*
banyar-se *have a bath (to)*
bar *bar (premises)*
barat -a *cheap*
barra *bar*
barri *neighbourhood*
base de dades *database*
bàsquet *basketball*
basquetbol *basketball*
bastant *plenty (of)*
be *lamb*
beca *grant*
becari becària *grant holder*
beguda *beverage*
beixamel *béchamel sauce*
belga *Belgian*
Bèlgica *Belgium*

ben *well (before a verb)*
bena *bandage*
berenar *have tea (to)*
bestreta *advance*
beure *drink (to)*
biblioteca *library*
bibliotecari bibliotecària *librarian*
bicicleta *bicycle*
bidell bidella *porter*
biologia *biology*
bistec *steak*
bitllet *ticket*
blanc -a *white*
blat de moro *sweet corn*
blau blava *blue*
bloc *pad*
boca *mouth*
boca de metro *metro station entrance*
bolet *mushroom*
bolígraf *pen*
bombeta *light bulb*
bossa *bag*
botifarra *pork sausage*
botiga *shop*
botó *button*
braç *arm*
braçalet *armband*
brasa *charcoal grill*
brindar *toast (to)*
bronquitis *bronchitis*
bròquil *broccoli*
brossa *speck*
brusa *blouse*
bugaderia *laundry*
bullit -ida *boiled*
buscar *look for (to)*
bústia *post box*
butà *butane*
butxaca *pocket*
cabell *hair*
cabina telefònica *phone box, telephone booth*
cable *cable*
cacaolat *chocolate milk shake*
cacauet *peanut*
cada *each*
cadascú *each of us/you/them...*
cadascun -a *each of us/you/them...*
cadena *(gold) chain*
cadira *chair*
cadira de rodes *wheelchair*

caducat -ada *expired*
cafè *coffee*
cafetera *coffee maker*
caixa d'estalvis *savings bank*
caixer automàtic *cash dispenser*
caixer caixera *cashier*
calaix *drawer*
calamar(s) *squid*
calces *knickers, panties*
calçotets *pants, underpants*
calefacció *heating system*
calendari *calendar*
calent -a *hot*
caliu *charcoal-broiled*
callista *chiropodist*
calmant *tranquillizer, painkiller*
cama *leg*
cambrer cambrera *waiter waitress*
càmera *camera*
camisa *shirt*
camp d'esports *sports field*
campus *campus*
cancel·lar *cancel (to)*
canellera *wristband*
canelons *cannelloni*
canvi *change (to)*
canviar *exchange (to)*
canya *drinking straw*
canya de cervesa *small beer*
cap *head*
cap a *towards*
cap d'estació *stationmaster*
cap de setmana *weekend*
capítol *chapter*
car -a *expensive*
cara *face*
carbassó *courgette, zucchini*
carn *meat*
carnet *card (identity)*
carpeta *folder*
carrer *street*
carret *roll of film*
carta *letter*
cartell *sign*
cartellera *listings*
carter cartera *postman postwoman*
cartera *briefcase, satchel*
cartolina *card (kind of paper)*
carxofa *artichoke*
casa *house*
casat -ada *married*

243

casset *cassette*
cassola *casserole*
castellà -ana *Castilian (Spanish)*
català -ana *Catalan*
catàleg *catalogue*
Catalunya *Catalonia*
catedràtic catedràtica *professor*
catorze *fourteen*
cava *Catalan champagne*
CD-ROM *CD-ROM*
celebrar *celebrate (to)*
cel·lo *adhesive tape*
cent *hundred*
centre *centre*
cereal *cereal*
cert -a *true*
certificat *certificate*
cervesa *beer*
cicle *cycle*
ciclisme *cycling*
ciència *science*
científic *scientific*
cigró *chickpea*
cinc *five*
cinema *cinema*
cinquanta *fifty*
cinquè -ena *fifth*
cinta *(cassette or video) tape*
cistella *basket*
ciutat *city*
clar -a *light (colour)*
classe *class*
clau *key (to open a door)*
clínica *private hospital*
clip *paperclip*
coberts *cutlery*
cobrament a destinació *reverse charge call*
cobrar *charge (to)*
coca *long flat cake*
codi *code*
codi postal *postcode*
coixí *pillow*
coliflor *cauliflower*
coll *neck*
colla *group of friends*
col·lecció *collection*
col·legi major *hall of residence*
color *colour*
colze *elbow*
colzera *elbow guard, elbow pad*

com *like, as*
comanda *order*
combinat -ada *joint (account)*
començament *beginning*
començar *begin (to)*
comissió *commission*
company companya *flatmate, roommate, schoolmate, friend*
compartir *share (to)*
compra *purchase*
compresa *sanitary pad*
comprovant *receipt*
compte *bill*
compte corrent *current account*
comunicar *be engaged (to) (telephone)*
concert *concert*
condició *condition*
condó *condom*
conductor conductora *driver*
conèixer *know (to), meet (to)*
conferència *lecture; long distance call*
conformar *authorize payment (to)*
congelat -ada *frozen*
conill *rabbit*
conjugació *conjugation*
conjunció *conjunction*
connectar *connect (to)*
connexió *connection*
conserge *caretaker, superintendent*
consigna *left luggage office*
consonant *consonant*
constipat *cold*
consultori *surgery, office*
contactar *contact (to)*
contacte *contact*
contestador automàtic *answering machine*
contra *against*
contracte *contract*
convalidació *validation*
convalidar *validate (to)*
conversa *conversation*
convocatòria *announcement*
coordinador coordinadora *coordinator*
cop *blow*
copa *glass (for champagne or wine)*
còpia *copy*
copiar *copy (to)*
cor *heart*
corbata *tie*
corda *rope*

corona *crown*
correcció *correction*
corrector líquid *correction fluid*
corrent *electricity*
corrents *rapidly*
correspondència *correspondence*
corretja *strap*
correu *mail*
correu electrònic *E-mail*
cosa *thing*
cosir *sew (to)*
cotó fluix *cotton wool*
cotxe *car*
cotxe de línia *coach*
coure *cook (to)*
crèdit *loan*
crèdit acadèmic *academic credit*
crema *custard*
cremar-se *burn oneself (to)*
cremat -ada *burnt*
croissant *croissant*
cronòmetre *stopwatch*
croqueta *croquette*
cru crua *raw*
cua *queue*
cuina *kitchen*
cuinar *cook (to)*
cuiner cuinera *cook*
cuit -a *well-done*
cullera *spoon*
cullereta *teaspoon*
cultura *culture*
cultural *cultural*
curar *cure (to)*
currículum *curriculum vitae*
curs *year, term*
cursa *race*
curt -a *short (skirt)*
d'hora *early*
dada *data*
dalt *up*
damunt *onto, on*
danès -esa *Danish*
darrere *behind*
data *date*
dau *cube*
davant *in front of*
de *of*
de cap a cap *from start to finish*
de cop i volta *suddenly*
de debò *truly*

de franc *free*
de mica en mica *gradually*
de pressa *quickly*
de seguida *immediately*
de tant en tant *from time to time*
de veritat *really*
deixar *leave (to)*
deixar-se *forget (to)*
del *of the*
delegat delegada *representative*
demà *tomorrow*
demà passat *the day after tomorrow*
demanar *ask for (to)*
densitat *density*
dent *tooth*
dentista *dentist*
departament *department*
des de *from*
descafeïnat -ada *decaffeinated*
descanviar *change (to)*
descompte *discount*
desconnectar *disconnect (to)*
desè -ena *tenth*
desembre *December*
desinfectant *disinfectant*
despenjar *pick up (to) (the phone)*
despesa *expense*
després *afterwards*
destinatari destinatària *addressee*
deu *ten*
déu *God*
devolució *refund*
dia *day*
diafragma *diaphragm*
diapositiva *slide*
diari *newspaper*
diarrea *diarrhoea*
diccionari *dictionary*
dictat *dictation*
dígraf *digraph*
dijous *Thursday*
dilluns *Monday*
dimarts *Tuesday*
dimecres *Wednesday*
Dinamarca *Denmark*
dinar *lunch*
diners *money*
dinou *nineteen*
dins *in*
dintre *inside*
diploma *certificate*

diplomatura *certificate (undergraduate)*
dipòsit *deposit, reservoir*
dir *say (to)*
dir-se *tell someone (to)*
director directora *director*
disc *disk*
disc dur *hard disk*
discoteca *discotheque*
dispensari *clinic*
disquet *floppy disk*
disquetera *disk drive*
dissabte *Saturday*
disset *seventeen*
dit *finger*
diumenge *Sunday*
diürn -a *daytime*
divendres *Friday*
divisa *currency*
divuit *eighteen*
doble *double*
doctor doctora *doctor*
document *document*
documentació *(legal) papers*
dòlar *dollar*
dolç -a *sweet*
dolor *pain*
domiciliar *have amt. paid from one's account (to)*
dona *woman*
doncs *then, so, well*
dormir *sleep (to)*
dos dues *two*
dos cops *twice*
dossier *dossier*
dotze *twelve*
dracma *drachma*
dret *law*
dret -a *right*
duana *customs*
dubte *doubt*
duplicat *duplicate*
dur -a *hard*
dutxa *shower*
dutxar-se *have a shower (to)*
economia *economics*
econòmic -a *economical, cheap*
edat *age*
edició *edition*
edifici *building*
editar *edit (to)*
editorial *publishing company*

el la *the*
electrodomèstic *electrical appliance*
electrònic -a *electronic*
ell ella *he she*
embarassada *pregnant*
embenar *bandage (to)*
embolicar *wrap (to)*
emborratxar-se *get drunk (to)*
embotit *sausage (generic)*
emplenar *fill in (to)*
en *in, on*
enamorar-se *fall in love (to)*
encallar *block (to)*
encara *still*
encara que *although*
encàrrec *message*
encarregar *order (to)*
encarregat encarregada *person in charge*
enciclopèdia *encyclopaedia*
engegar *start (to)*
enguixar *plaster (to)*
enllaç *link*
enquadernar *bind (to)*
ensaïmada *ensaïmada (spiral-shaped pastry)*
entendre *understand (to)*
entrada *entrance; ticket*
entrar *enter (to)*
entre *between*
entregar *hand in (to)*
entremès *starter (meal), side dish*
entrenador entrenadora *coach (of a team)*
entrenar-se *train (to)*
entrepà *sandwich*
enviar *send (to)*
equip *team*
equipament *equipment*
equipatge *luggage*
equivocar-se *be mistaken (to)*
esborrador *eraser*
esborrar *delete (to)*
escabetx *pickling brine*
escala *stairs*
escalada *climbing*
escalfador *boiler*
escalfar *heat (to)*
escalivada *escalivada (baked red pepper, aubergine, onion)*
escola *school*
escoltar *listen (to)*

escopinya *clam*
escriptori *desk*
escriure *write (to)*
escudella *stew*
escuradents *toothpick*
escut *escudo*
església *church*
esmorzar *have breakfast (to)*
espaguetis *spaghetti*
Espanya *Spain*
espanyol -a *Spanish*
esparadrap *sticking plaster*
espatllar-se *break (to)*
espatlleres *wall bars*
especialitat *specialization*
esperar *wait (to)*
espinac *spinach*
espiral *spiral*
esport *sports*
esqueixada *esqueixada (cod salad)*
esquena *back (body)*
esquerre -a *left*
esquí *ski*
estació *season; station*
estalvi *saving*
estalviar *save (to)*
estanc *tobacconist's*
estar *be (to)*
estic *stick (hockey)*
estimar *love (to)*
estisores *scissors*
estiu *summer*
estofat *veal and potato stew, hotpot*
estómac *stomach*
estona *while*
estovalles *tablecloth*
estranger -a *foreign*
estudiant *student*
estudiar *study (to)*
etiqueta *label*
euro *euro*
examen *exam*
excel·lent *A (as a mark)*
excursió *excursion*
excursionisme *hiking*
exercici *exercise*
expedient *record (of a student)*
exposició *exhibition*
expressió *expression*
extensió *extension*
extensiu -iva *extensive*

extracte *statement (account)*
facturar *check in (to)*
facultat *faculty, school*
faixa *girdle*
farcit -ida *stuffed*
faringitis *pharyngitis*
farmàcia *chemist's, pharmacy*
farmaciola *medicine cabinet*
fax *fax*
febre *fever*
febrer *February*
felicitar *wish a happy birthday (to)*
fer *do (to)*
fer mal *hurt (to)*
ferida *injury*
fiança *deposit (business)*
fideu *noodle*
fill filla *son daughter*
filologia *philology*
filosofia *philosophy*
filtre *filter*
final *final*
finestra *window*
finestreta *window*
finlandès -esa *Finnish*
Finlàndia *Finland*
fins a *up until*
fins i tot *even*
firmar *sign (to)*
física *physics*
fitxa *(index) card*
fitxer *file (computing)*
flaix *flash*
flam *crème caramel*
flassada *blanket*
florí *guilder*
foli *folio*
fonètica *phonetics*
força *strength; many*
format *format*
formatar *format (to)*
formatge *cheese*
forn *oven*
forn de pa *baker's*
forquilla *fork*
fosc -a *dark*
foto *photo*
fotocòpia *photocopy*
fotocopiadora *photocopier*
fotocopiar *photocopy (to)*
fotògraf fotògrafa *photographer* 247

fotografia *photography*
fotografiar *photograph (to)*
fotogràfic -a *photographic*
fractura *fracture*
franc *franc*
França *France*
francès -esa *French*
franqueig *postage*
fred -a *cold*
fregit -ida *fried*
frenar *brake (to)*
fresc -a *fresh*
fricandó *fricassee*
fruita *fruit*
full *sheet (paper)*
fumat -ada *smoked*
funcionament *functioning*
funda *case, cover*
funicular *funicular*
futbol *football*
gairebé *nearly*
galeta *biscuit, cookie*
galteres *mumps*
gamba *prawn, shrimp*
ganivet *knife*
gas *gas*
gasa *gauze*
gel *gel*
gelat *ice cream*
gener *January*
general *general*
genoll *knee*
genollera *knee bandage*
gens *not at all (I don't like it at all)*
geografia *geography*
geologia *geology*
germà germana *brother sister*
gerro *vase*
gerundi *gerund*
gestió *business, procedure, transaction, management*
gimnàs *gym*
gimnàstica *gymnastics*
ginecòleg ginecòloga *gynaecologist*
gir *money order*
goma d'enganxar *glue*
goma d'esborrar *eraser*
gorra *cap*
got *drinking glass*
gra *pimple, spot*
248 **graella** *grill*

gràfic *graphics*
gramàtica *grammar*
granissat de llimona *iced lemon drink*
grapa *staple*
grapadora *stapler*
grapar *staple (to)*
gratinat -ada *au gratin*
gratuït -a *free*
grec grega *Greek*
Grècia *Greece*
greu *serious*
grip *flu*
gris -a *grey*
groc groga *yellow*
gros grossa *big*
grup *group*
guarda-roba *cloakroom*
guarnició *side dishes (cookery)*
guia *guide (plan)*
guia de telèfons *telephone directory*
guix *plaster*
habitació *room*
hamburguesa *hamburger*
handbol *handball*
hemeroteca *newspaper and periodicals library*
hemorràgia *haemorrhage*
hepatitis *hepatitis*
herba *grass*
història *history*
hivern *winter*
Holanda *Holland*
holandès -esa *Dutch*
home *man*
hoquei *hockey*
hora *hour*
horari *timetable*
hospital *hospital*
hotel *hotel*
i *and*
i tant *of course*
idea *idea*
idioma *language*
il·legible *illegible*
immobiliari -ària *real estate, property*
import *amount*
impost *tax*
imprès *form*
impressora *printer*
imprimir *print (to)*
incidència *difficulty*

índex index
infermer infermera nurse
infermeria nursing
informació information
informàtica computer science, computing
infusió herbal tea
ingrés deposit (current account)
ingressar credit (to)
injecció injection
insolació sunstroke
insomni insomnia
instal·lació installation
instrucció instruction
insulina insulin
integral whole wheat, wholemeal
intensiu -iva intensive
intercanvi exchange (conversation)
interès interest
ioga yoga
iogurt yoghurt
Irlanda Ireland
irlandès -esa Irish
Itàlia Italy
italià -ana Italian
itinerari itinerary
ja already
ja que as
Japó Japan
japonès -esa Japanese
jaqueta jacket
jersei jersey
jo I
joc game
jugar play (to)
juliol July
juny June
justificant de recepció acknowledgement of receipt
l'endemà the next day
laboratori lab
làser laser
laxant laxative
lector lectora assistant (professor)
lectorat assistantship
lèxic lexicon
licor liqueur
lila lilac
lingüístic -a linguistic
línia line
líquid -a liquid
lira lira

literatura literature
litre litre
llapis pencil
llarg -a long
llegir read (to)
llegum legume
llençol sheet (bed)
llengua tongue,language
llenguado sole
llentia lentil
llet milk
lletra letter (alphabet)
lleu slight
lleure leisure
llibre book
llibreria bookshop
llibreta notebook
llibreta d'estalvis bankbook
llicenciatura bachelor's degree
lliçó lesson
lligar chat up (to)
llimona lemon
llimonada lemonade
llista list
llit bed
lliura pound
lliurar deliver (to)
lliure free (not occupied)
lloc place
llogar rent (to)
lloguer rent
llom loin
lluç hake
llum light
lluna moon
lluny far
Luxemburg Luxembourg
mà hand
macarrons macaroni
macedònia fruit salad
maduixa strawberry
magnètic -a magnetic
mai never
maig May
maionesa mayonnaise
mal pain
malalt -a ill
malaltia illness
malament badly
maleta suitcase
malgrat despite

mandonguilla *meatball*
manera *way*
mantega *butter*
manteniment *keep-fit (exercises)*
mapa *map*
màquina de fer fotografies *photo booth*
mar *sea*
marc *frame; mark (foreign currency)*
marcar *dial (to)*
mare *mother*
mareig *sickness*
marejar-se *feel dizzy (to), get sick (to)*
marisc *seafood, shellfish*
marit *husband*
marró *brown*
marxar *leave (to)*
massa *too (too much, too many)*
mat *matt*
matalàs *mattress*
mateix -a *same*
matemàtiques *maths*
material *material*
matí *morning*
matinada *early morning*
mató *curd cheese*
matrícula *registration*
matricular-se *register (to)*
medecina *medicine (remedy)*
mèdic -a *medical*
medicament *medicament*
medicina *medicine (science)*
mel *honey*
melmelada *jam*
meló *melon*
memòria *memory*
menjador *dining-room*
menjar *eat (to)*
mentor mentora *mentor*
mentrestant *meanwhile*
menú *menu*
menys *less*
mes *month*
més *more*
més aviat *earlier*
mestre mestra *teacher*
metge metgessa *doctor*
metro *tube, metro*
meu meva *my, mine*
mica *little*
microfilm *microfilm*

microones *microwave oven*
migdia *midday*
mil *thousand*
milió *million*
millor *better*
millorar *make better (to)*
mineral *mineral*
minut *minute*
missatge *message*
mitjan *mid- (January)*
mitjó *sock*
moble *piece of furniture*
model d'examen *mock exam*
modificar *modify (to)*
molt *very much*
molt -a *many*
moneda *coin*
mongeta *bean*
mongeta tendra *kidney bean*
monitor *monitor (computing)*
monitor monitora *monitor*
morfosintaxi *morphosyntax*
mostassa *mustard*
mot *word*
moto *motorbike*
motxilla *rucksack*
muller *wife*
multa *fine*
muntanya *mountain*
muntanyisme *mountaineering*
múscul *muscle*
musculació *weight training, fitness*
museu *museum*
músic música *musician*
música *music*
musical *musical*
mut muda *silent (letter)*
nas *nose*
nata *cream*
natació *swimming*
natural *natural*
nedar *swim (to)*
neerlandès -esa *Dutch*
negació *negation*
negatiu *negative*
negre -a *black*
negreta *bold (letter)*
nen nena *boy girl*
nevera *fridge*
ni *nor*
ningú *nobody*

nit *night*
nivell *level*
no *no*
no... gaire *not very much*
nocturn -a *night (time)*
noi noia *boy girl*
només *only*
noranta *ninety*
noruec -ega *Norwegian*
Noruega *Norway*
nosaltres *we*
nostre -a *our, ours*
nota *mark (grade)*
notable *B (as a mark)*
nou *nine*
novè -ena *ninth*
novembre *November*
número *number*
o *or*
objectiu *goal*
obligatori -òria *compulsory*
obrir *open (to)*
obturador *shutter*
octubre *October*
odontologia *dentistry, odontology*
oficina *office*
oftalmòleg oftalmòloga
  ophthalmologist
oli *oil*
oliva *olive*
olla *cooking pot*
ombra *shadow*
omplir *fill (to)*
on *where*
ONG *NGO*
onze *eleven*
operació *transaction*
operar *operate (to)*
optatiu -iva *optional*
ordinador *computer*
ordre *order*
orella *ear*
original *original*
ortografia *spelling*
orxata *orxata (cold tiger nut milk
  drink)*
os *bone*
ou *egg*
pa *bread*
paella *paella; frying-pan*
paga i senyal *down payment*
pagament *payment*

pagar *pay (to)*
pàgina *page*
país *country*
panet *bread roll*
pantalons *trousers*
pantalla *screen*
paper *paper*
paperera *litter basket, litter bin*
papereria *stationery store, stationer's*
paquet *parcel*
parada *stop*
paraigua *umbrella*
paral·leles *parallel bars*
parar *stop (to)*
paraula *word*
parc *park*
pare *father*
parlar *speak (to)*
part *part, piece*
participi *participle*
partit *match*
passat *past*
passejar *go for a walk (to)*
pasta *pastry*
pastilla *tablet*
pastís *cake*
patata *potato*
pati *yard*
patí *skate*
pavelló *sports hall*
pebre *pepper*
pebrot *red or green pepper*
pedagogia *pedagogy*
peix *fish*
pel *for the*
pel·lícula *film*
penicil·lina *penicillin*
penja-robes *clothes hanger*
penjar *hang up (to) (the phone)*
pensió *boarding house*
per *for, to*
per a *for (them)*
pera *pear*
perdre *lose (to)*
perfeccionar *improve (to)*
pernil *ham*
però *but*
perquè *because*
perruqueria *hairdresser's*
persiana *blind*
persona *person*

perxa *pole*
pes *weight*
pesar *weigh (to)*
pestell *bolt*
petit -a *small*
peu *foot*
picada *pounded garlic, parsley and almond thickener*
picant *spicy*
picor *itch*
pijama *pijama (fresh fruit, ice cream, and whipped cream)*
pila *battery*
pilota *ball*
pinta *comb*
pinya *pineapple*
pis *flat, apartment*
piscina *swimming pool*
pissarra *blackboard*
pista *court, track*
pitjor *worse*
pizza *pizza*
pizzeria *pizzeria*
pla d'estudis *syllabus*
plànol *plan; map*
planxa *griddle pan; iron (for clothes)*
plastificar *laminate (to)*
plastificat -ada *laminated*
plat *dish*
plàtan *banana*
platja *beach*
ploma *fountain pen*
ploure *rain (to)*
pluja *rain*
poc -a *few, little*
poder *can*
pòlio *polio*
pòlissa *policy*
pols *dust*
pollastre *chicken*
poma *apple*
pomada *ointment*
porc *pig, pork*
porta *door*
porteria *goal (goalkeeper's position)*
Portugal *Portugal*
portuguès -esa *Portuguese*
posar *put (to)*
postal *postcard*
postres *dessert*
potser *maybe*

practicant *nurse (specializing in giving injections)*
practicar *practise (to)*
precintar *seal (to)*
precinte *seal*
prefix *dialling code*
preguntar *ask (to)*
preinscripció *preliminary registration*
premsa *press*
prendre *take (to)*
preposició *preposition*
present *present tense*
preservatiu *condom*
préssec *peach*
pressió *pressure*
prestatge *shelf*
prestatgeria *bookcase*
préstec *loan*
pretèrit *past (tense)*
preu *price*
primavera *spring*
primer -a *first*
professor professora *teacher*
programa *programme*
pronom *pronoun*
pronunciació *pronunciation*
prop *near*
propaganda *advertising leaflets*
pròrroga *deferment*
prou *enough*
prova *test*
psicòleg psicòloga *psychologist*
psicologia *psychology*
psiquiatre psiquiatra *psychiatrist*
públic -a *public*
pujar *get on (to)*
pulmonia *pneumonia*
punt *stitch*
puré *purée*
quadern *exercise book, note book*
quadriculat -ada *squared*
quàdruple *quadruple*
qualsevol *any*
quan *when*
quant -a *how much*
quantitat *quantity*
quaranta *forty*
quart -a *fourth*
queixa *complaint*
refredat *cold*
renunciar *relinquish (to), renounce (to)*

reparació *repair*
reparar *mend (to)*
repassar *check over (to)*
reprografia *photocopy service*
res *nothing*
reservar *book (to)*
reservat -ada *booked*
resguard *receipt*
residència *student residence*
respondre *answer (to)*
resposta *answer*
restaurant *restaurant*
restrenyiment *constipation*
resum *summary*
retard *delay*
rètol *sign*
retolador *felt-tip pen*
revelar *develop (to)*
revelatge *developing*
revisor revisora *conductor*
revista *magazine*
rítmic -a *rhythmical*
riu *river*
robatori *robbery*
roda *wheel*
rodalia *suburban*
rodet *roll of film*
romesco *romesco (dried red pepper, garlic and almond sauce)*
rosa *pink, rose*
rosat *rosy, pinkish, rosé (wine)*
rostit -ida *roasted*
rus russa *Russian*
Rússia *Russia*
sabata *shoe*
sabatilla *sneaker, training shoe*
saber *know (to)*
sacarina *saccharin*
safata *tray*
sal *salt*
sala *hall, room*
salat -ada *salted*
saldo *balance*
saler *saltcellar, salt shaker*
salsa *sauce*
salsitxa *sausage*
salut *health*
samarreta *T-shirt*
samfaina *ratatouille*
sanguini -ínia *blood (adjective)*
sant *saint's day*

sardina *sardine*
sauna *sauna*
secret -a *secret*
secretaria *secretariat*
segell *stamp*
segon -a *second*
segons *depending on*
seient *seat*
seixanta *sixty*
semestre *semester*
sempre *always*
sense *without*
sensibilitat *sensitivity*
sentir *feel (to)*
senyal *tone*
ser *be (to)*
servei *service*
servir *serve (to)*
set *seven*
setanta *seventy*
setè -ena *seventh*
setembre *September*
setinat -ada *satin (adjective)*
setmana *week*
setrilleres *cruet set*
setze *sixteen*
seu seva *his, her, hers*
sexe *sex*
si *if*
sí *yes*
sida *AIDS*
signar *sign (to)*
signatura *signature*
síl·laba *syllable*
sinó *but*
sis *six*
sisè -ena *sixth*
sobre *envelope*
sobre (damunt) *on*
sobretot *above all*
sofregit *sautéed (lightly fried with onion and garlic)*
sol *alone*
solament *only*
sols *only*
solter -a *single*
sopa *soup*
sopar *have dinner (to)*
sortida *exit*
sortir *go out (to)*
sostenidors *bra*

sota *under*
sotrac *air pocket*
sovint *often*
submergible *waterproof*
subratllar *underline (to)*
subscripció *subscription*
substantiu *noun*
suc *juice*
sucre *sugar*
sucursal *branch*
suec -a *Swedish*
Suècia *Sweden*
suggerir *suggest (to)*
Suïssa *Switzerland*
suor *sweat*
supermercat *supermarket*
supositori *suppository*
surada *line of cork floats*
suspendre *fail (to)*
suspens *D (as a mark)*
tabulador *tabulator*
tal *such (any such instructions)*
tall *cut (injury)*
tallar *cut (to)*
taló *check, cheque*
talonari *chequebook*
també *also*
tampoc *neither*
tan *so (so nice)*
tanca *hurdle*
tancar *close (to)*
tant -a *so much*
tapa *tapa (appetizer)*
tapes *covers*
taquilla *ticket counter*
tard *late*
tarda *afternoon*
tardor *autumn*
targeta *card*
tarifa *fare*
taronja *orange*
taronjada *orangeade*
tassa *cup*
tastar *taste (to)*
taula *table*
taulell *desk*
tauler *board*
taxa *rate*
taxi *taxi*
taxímetre *taximeter*
te *tea*

teatre *theatre*
tecla *key (computing)*
teclat *keyboard*
tècnic -a *technical*
telefèric *cable car*
telèfon *telephone*
telefonar *phone (to)*
telefònic -a *telephone (adjective)*
telefonista *telephone operator*
telegrama *telegram*
televisió *television*
temporal *temporary*
temps *time*
tendre -a *tender*
tenir *have (to)*
tennis *tennis*
tennis de taula *table tennis*
tercer -a *third*
terme *term*
termini *instalment*
termòmetre *thermometer*
terrassa *balcony (larger)*
terreny de joc *field*
tesi *thesis*
tètanus *tetanus*
teu teva *your, yours*
text *text*
timbre *ring*
tinta *ink*
tintoreria *dry cleaner's*
Tipp-Ex *Tipp-Ex*
tipus *type*
tirabuixó *corkscrew*
tireta *band-aid, sticking plaster*
tisores *scissors*
tomàquet *tomato*
torçar *twist (to)*
torn *shift, turn*
tornar *come back (to)*
torrat -ada *toasted*
tos *cough*
tot -a *all (all the group)*
tothom *everybody*
tovalló *napkin, serviette*
tovallola *towel*
traducció *translation*
tramesa *delivery*
tràmit *formality*
tranquil -il·la *calm, peaceful*
tranquil·litat *peacefulness*
transbord *change*

transferència *transfer*
transport *transport*
treball *work*
treballar *work (to)*
tren *train*
trenta *thirty*
tres *three*
tretze *thirteen*
treure *withdraw (to)*
triple *three times*
trípode *tripod*
trobar *find (to)*
trobar-se *meet (to) (two people)*
trucada *phone call*
trucar *phone (to)*
truita *omelette; trout*
tu *you*
tuberculosi *tuberculosis*
turístic -a *tourist (adjective)*
turmellera *ankle support*
tutor tutora *tutor*
u *one*
ull *eye*
ulleres *glasses*
un una *a, one*
un cop *once*
universitat *university*
urgència *emergency*
urgent *urgent, express*
urticària *hives*
ús *use*
vagó *carriage (of a train)*
vainilla *vanilla*
vaixell *boat*
vas *drinking glass*
vàter *toilet*
vedella *veal*
vegada *time*
vegetarià -ana *vegetarian*
vela *sail*
velar-se *come out fogged (to)*
venda *sale*
vendre *sell (to)*
venir *come (to)*
ventre *belly*
verb *verb*
verd -a *green*
verdura *vegetables*
veritat *truth*
vermell -a *red*
vermut *vermouth*

vespre *evening*
vestíbul *hall*
vestidor *locker room*
veure *see (to)*
vi *wine*
via *track*
via (de tren) *line (railway)*
viatge *trip*
vídeo *video*
vinagre *vinegar*
vinagreta *vinaigrette*
vint *twenty*
virus *virus*
visitar *visit (to)*
viure *live (to)*
vocabulari *vocabulary*
vocal *vowel*
voleibol *volleyball*
voler *want (to)*
volum *volume*
vòmit *vomit*
vosaltres *you (2nd p. pl.)*
vostè(s) *you (courtesy form)*
vostre -a *your, yours (2nd p. pl.)*
vuit *eight*
vuitanta *eighty*
vuitè -ena *eighth*
xai *lamb*
xampinyó *mushroom*
xampú *shampoo*
xandall *tracksuit*
xarampió *measles*
xarop *syrup (medicine)*
xarxa *net*
xec *cheque*
Xina *China*
xinès -esa *Chinese*
xinxeta *drawing pin, thumbtack*
xiulet *whistle*
xocolata *chocolate*
xoriço *xoriço (seasoned red sausage)*
zero *zero*